유아 다문화교육의 통합적 적용

김영옥 · 서현 · 박형신 · 정상녀 · 윤경선 · 박미자 · 이나영 공저

학지사

머리말

"바다를 본 사람에게 호수는 물도 아니다."라는 말이 있다. 넓은 바다를 본 사람은 작은 호수에 안주하지 않는다는 뜻으로, 시야가 넓은 사람은 창의적인 지혜를 갖기 마련이다. 또한 "관해난수(觀海難水)"라는 말이 있다. 이는 바다를 본 사람은 물을 말하기 어려워한다는 뜻으로, 큰 것을 깨날은 사람은 아무리 사소한 것이라도 쉽게 여기거나 함부로 이야기하지 않는다는 것이다.

다음의 「달사와 속인」은 이를 잘 나타내고 있다.

달사(達士: 통달한 선비)는 괴이한 것이 없다. 속인(俗人)은 괴이하게 여기는 것이 많다. 이른바 '본 것이 적으면 괴이한 것이 많다.'는 의미이다. 달사라 하여 어찌 사물마다 모두 직접 눈으로 보았겠는가? 하나를 들으면 열 가지가 눈에 그려지고 열 가지를 보면 백 가지가 마음에 떠올라, 천만 가지 괴이함이 도로 사물에 붙여져 자신은 관여함이 없다. 그래서 마음은 한가로워 여유가 있고 응수에는 궁함이 없다. 본 것이 적은 자는 백로를 기준으로 까마귀가 검다 비웃고, 오리를 기준으로 학이 목이 길어 위태롭다 여긴다. 만물은 저마다 괴이할 것이 없는데 자기 혼자 성을 내고 한 가지만 달라도 온통 만물을 트집 잡는다(연암 박지원, 『능양시집서』).

보고 들은 것이 풍부하지 않으면 편견을 가지기 쉽다. 생각이 한쪽으로 치우치게 됨으로써 사고의 균형을 잃게 되는 것이 바로 편견이다. 이러한 편견이나 고정관념은 의외로 아주 어린 시절에 생기며 충분한 근거나 별다른 이유 없이 자신의 생각을 자신이 만든 울타리에 가두게 되는 것이다.

세상은 다양한 가치와 문화 그리고 생활양식이 공존하고 있으며 놀랍게 변하고 있다. 프랑스 남동부 코트다쥐르 지방에서는 교과서 대신 메모리 스틱을 나누어 준다고 한다. 새 학기에 새 교과서를 받기 위해 보조가방 하나를 더 챙겨가지고 학교에 갔던 기억을 되살려 보면 상상을 초월하는 변화이다. 또 갤러리에서 감상만 하던 미술 작품을 패션 소품, 식음료, 가전제품에 접목하는 아트마케팅이 유행하고 있으며 얼마 전에는 로봇가수가 공식 활동을 선언하였다.

미래사회에서는 열린 생각과 창의성을 바탕으로 나와 다른 사람들과 의사소통할 수 있고 상호 협력할 줄 아는 인간상을 기대한다. 다른 사람과 의사소통하기 위해서는 그들의 다양성을 인정하고 수용할 수 있는 감정과 열린 생각을 가져야 한다. 다문화교육은 다양한 사람들을 수용하고 의사소통할 수 있는 능력을 배양시키는 교육이다.

다문화라고 해서 외국 여러 나라의 문화만을 의미하지 않는다. 각 지방, 민족, 국가마다 인간의 생활문화는 많은 차이가 있고 또한 공통점도 있다. 우리나라와 세계 여러 나라에 자장가가 있으며, 신데렐라 이야기는 전 세계에 1,000편 정도가 있다고 한다. 또 사방치기가 세계 여러 나라에서 유사하게 놀이로 이용되고 있다. 우리나라 제주도의 돌담집이나 강원도의 너와집, 울릉도의 투막집과 같은 다양한 지붕의 형태는 각기 다른 환경에 적응하는 방식이며 살아가는 생활의 지혜이다. 별을 관측하는 자리가 고정되어 있어야 하듯이 전통문화는 우리 자신의 정체성이며 이를 기초로 천체의 다양한 별을 관측하듯 다양성을 섭렵하는 것이다.

다양성은 '아무것이나' 또는 '극단적인 유별함' 을 인정하는 것이라 '다양한 사람과 만나고 협력하는 범위를 확대하여 진정한 창의성을 발휘' 하는 일이다. 우리가 그러한 삶의 모습을 수렴하는 만큼 더 넓은 지혜와 안목으로 보다 질적인 삶을 향유하게 될 것이다.

한국어린이육영회 학술대회에서 '반편견 교육을 위한 유아교육과정(1998)' 과 '다문화를 통한 세계이해와 현장적용(2000)' 및 '유아의 사회적 능력(2002)' 에 대하여 주제발표를 준비하는 과정에서 이러한 인식이 중요함을 깨달았고 교육과정화할 필요를 느끼게 되었다. 2002년에 나온 『유아를 위한 다문화교육』(2002, 정민사)은 그러한 시도의 출발이었다. 그 뒤 한국유아교육학회 광주 · 전남지회와 부산사립유치원연합회 교사연수 등의 워크숍을 위하여 여러 선생님과 좀 더 탐구하는 기회를 가졌고, 함께 참여한 선생님들과 여러 해 동안 전통문화를 포함한 다문화교육에 대하여 공부한 작은 결실이 이 책이다. 여러분의 아낌없는 충고를 부탁드리며 책을 만드는 데 함께 고생해 준 대학원생 이규림 양과 학지사 가족분들께 깊이 감사드린다.

2008년 9월
저자대표 김 영 옥

차례

Part 1 이/론/편
유아를 위한 다문화교육

Contents

Part 2 실/제/편 유아를 위한 다문화교육

Part 1 이론편

유아를 위한 다문화교육

01_

다문화 사회의 개념과 특성

21세기는 지식정보화, 국제화, 다문화 시대로 특징지어진다. 지식정보화 사회에서는 급속하게 팽창하는 정보기술의 발전으로 정치, 경제, 문화 등 사회 구조 전반에 걸쳐 정보와 지식의 가치가 높아지며 그 정보를 효율적으로 처리하고 전달할 수 있는 정보기술의 고도화가 불가피해지게 된다. 국제화 사회에서는 사회적, 문화적 제도에 대한 지리학적 구속력이 약해지고 국경을 초월한 정치, 경제, 사회, 문화예술, 체육 등 모든 부분이 하나의 공통된 방향으로 통합된다. 또한 다문화 사회에서는 문화적 다원론과 문화적 상대주의에 기초하여 인류공동의 가치와 문화를 차츰 더 인식해 가며 생활양식, 행위양식이 광범위하게 수용되고 공유된다(강선보, 1992; 유혜윤, 2003; 이기철 역, 1998; 차갑부, 1997; 최혜란 역, 1998).

한편, 다원화되는 사회 변화와 함께 지식의 양은 폭발적으로 증가할 뿐만 아니라 지식의 소멸 주기도 급속도로 짧아지고 있다. 저명한 미래학자 엘빈 토플러(Alvin Toffler)는 그의 저서 『제3의 물결(*The Third Waves*)』에서 21세기는 지식과 정보로 대변되는 정보화 사회와 기존 산업사회 간의 새로운 충돌을 경험하게 될 것이라고 예상하였으며, 이를 사회학적인 측면에서 문화충격(Culture Shock) 혹은 미래충격(Future Shock)이라고 표현한 바 있다. 따라서 앞으로는 무용지식을 걸러내는 능력이 필요하다고 하였다(이준, 2006).

최근에 부각되고 있는 UCC(User Created Content), RC(Refined Content), 유비쿼터스(Ubiquitous), 학문의 통섭(Consilience) 등과 같은 것이 이러한 동향을 뒷받침해 주고 있다. 프랑스 남동부 코트다쥐르 지방에서는 학생들에게 교과서 대용 메모리스틱을 나누어 주었고(한현우, 2006), 갤러리에서 감상만 하던 미술작품을 직접 가지고 다닌다는 의미에서 아트 마케팅이 소비자들로부터 반향을 일으키고 있는가 하면(한창만, 2006), 문화지능이 강조(정명진, 2004)되고 있는 흐름을 통해서도 알 수 있다.

이와 같이 다문화 사회는 생활양식과 가치관이 매우 다양한 시대로서 정보를 통한 세계와의 접촉이 불가피한데다 개인의 개성도 함께 강조되는 시대이다. 우리는 21세기와 미래 사회를 내다보며 문화, 정보화, 세계화, 반편견교육, 다문화교육과 같은 용어들을 자주 접하게 되었으며 상호이해와 협력의 바탕 위에 창의적으로 사고하는 인간상을 지향하고 있다. 인간은 인간이 만들어 놓은 조직으로부터 인간다운 사고와 행동, 관습 등을 모방하고 학습하는 사회화 과정을 거쳐 성장한다. 지식, 태도, 기술, 도덕, 법률, 습관 등의 생활과 행위양식을 총체적으로 포함하고 있는 문화의 궁극적인 역할도 결국 삶을 해석하고 유형화하는 것으로 삶을 담아내는 하나의 그릇이라고 할 수 있다.

이와 같이 문화는 그 어느 때보다도 '교육'과 '삶의 질'이라는 측면에서 또한 '삶의 질' 개념을 문화와 연결시켜(이홍재, 1995; 한성덕, 1998) 중요하게 논의되고 있다. 다음의 몇 가지 인용에 이러한 관심과 맥락이 잘 반영되어 있다.

문명의 발달과 변화

- 농경사회(인구): 농경중심의 계급분류와 국가형태가 생성됨(노동)
- 산업사회(인력): 산업혁명과 대량생산으로 공업경제가 주축을 이룸(자원)
- 세계화 · 정보화 시대(인재): 지식이 유일한 부가가치 창출의 근원임(지식)

세계화

- 사회적 · 문화적 제도에 대한 지리학적 구속이 약해지고, 그러한 사실을 사람들이 점점 많이 인식하게 되는 사회적 과정이다(이기철 역, 1998: 14).
- 세계화란 바로 지구촌의 개념이다. 장벽들이 무너지는 것, 사람들이 인류공동의 가치를 차츰 더 잘 인식해 가는 것, 과학의 진보가 가져온 혜택이 전 세계로 파급되는 현상, 인류공동의 유산을 시정 · 보호하는 사업도 세계화다(최혜란 역, 1998: 14).

세계화 전략의 기본원칙

- 다양성 존중, 신속한 적응, 창조적 주도 이외에도 문화외교의 방향은 문화장벽의 극복, 인류의 보편적 가치 중시, 한국문화의 전파, 외국문화의 적극적 수용을 포함해야 한다.

(외교통상부 홈페이지 http://www.mofat.go.kr)

정보화

- 인류문명의 도구가 기계에서 에너지로 그리고 다시 정보기술로 이행하고 있다. 20세기 후반의 놀라운 정보기술 발달은 정보의 수집, 처리, 확산, 활용에 필요한 시간을 상상 이상으로 단축시킴으로써 정보와 지식을 힘의 지배적 원천으로 만들었다. 정보화의 진전과 사상적 변화에 의하여 지식체계가 혁명적으로 변하고 있으며, "지식에 기반을 두는 사회"에 들어섰다. 정보화와 맞물려서 그리고 정보화의 영향으로 지식이 새 시대의 새로운 힘의 원천으로 등장하였다(김신일, 2003: 19-27).

반편견 교육

- 반편견 교육이란 공정하지 못하고 한쪽으로 기울어지거나 치우친 생각 및 어떤 사물에 대한 편애, 싫어함, 두려움을 통해 나타나는 견해나 경향을 극소화하는 교육으로 자신의 정체감에 대해 긍정적으로 생각하기, 다양성을 가진 사람과 편안하고 감정이입적인 상호작용을 하도록 촉진하기, 편견에 대한 비판적 사고 기르기, 편견에 대하여 행동하기 등이 포함된다(김영옥, 1998: 67-68).

다문화교육

- 다문화교육은 다민족교육보다 한층 더 포괄적인 개념이다. 다민족교육은 다민족 국가에서 그 주류세력이 지배하고 다른 소수 민족 문화의 공존을 관용하고 배려하는 측면이 강하나, 다문화교육은 문화적 다양성을 가치 있는 자원으로서 지원하고 확장하려는 교육이다.
- 다문화에서 핵심적인 논제는 민주적 구성틀 안에서의 통일성(보편성)과 다양성 사이의 관계이다. 통일성은 문화의 다양성 속에서도 분명히 존재하는 공통성을 인식하고 그것을 파악함으로써 인간과 그 문명의 본성을 이해하는 것이다. 반면에 다양성은 문화를 그 자체 내의 맥락에 맞게 좀 더 정확히 이해하려는 것이며, 인류 문화의 다양성의 인식과 개별 문화와의 독특성을 이해하는 것이다(정두용 외 공저, 1998: 28-29).

이와 같이 다문화교육이란 각기 다른 인종과 성, 언어, 계층 등을 이해하고 존중하도록 유도하여 삶을 긍정적으로 변화시킴으로써 다양한 문화의 세계에서 공동의 목표를 지향하며 의사소통할 수 있는 지식, 태도, 기술을 준비하는 교육이다.

이러한 다문화 사회의 관점에서 유아교육과정의 바람직한 방향은 무엇인가? 먼저 다문화교육의 목표, 내용, 방법 및 평가에 이르는 교육과정의 범주와 방향성을 탐색하는 것이 무엇보다 선행되어야 할 것이다.

02_

다문화 사회가 기대하는 인간상

1. 바람직한 인간상

다문화 사회에서는 문화의 다양성 수용과 세계 공동체를 위한 각기 다른 역할 수행, 즉 다양한 문화적 가치와 태도를 형성하고 구성원의 공통점과 고유한 특성을 인식함과 동시에 공존과 협력을 강조하고 있다. 박도순(2002)은 교육을 통해 '다원적 사고방식' '개방적 자세와 함께 주체적 자세' '창의력' '서로 다름에 대한 이해와 협력' '지구적 차원의 생태학적 통합적 사고와 생활 방식'을 더욱 중시해야 함을 제시하였다. 또한 나정(2001)은 세계화 시대에 대응하기 위해 전통문화에 대한 교육적 관심과 노력을 강화하여 우리다움을 잃지 않으면서도 여러 나라와 조화를 이루어 살도록 해야 하고, 열린 마음과 문화의식을 지녀 세계 시민의 관점으로 생각하고 행동할 수 있어야 하며, 국제적인 의사소통 능력을 갖추어야 한다고 하였다. 그리고 자율과 분화의 원리가 교육에 있어서도 실천되어야 하며, 세계 시민으로서의 자질과 지도력을 갖추어 여러 민족과 더불어 평화롭게 살아가야 함을 강조하고 있다.

이와 같이 다문화 사회는 자신과 집단의 정체성을 형성하면서 평등성과 다양성을 기초로 편견에서 벗어나 다양한 문화를 인식하고 세계가 함께 협력하는 이상을 추구하고 있다. 그러므로 교육에 있어서도 세계적 경쟁력을 갖추기 위해서는 전통의 보편화, 민족의 정체성 그리고 세계 문제에 대한 문제해결 능력 등이 중시되어야 한다.

강무섭, 임연기, 김혜숙, 최돈민, 이명준, 조준래(1995)는 교육의 세계화 목표를 다음과 같이 제시하고 있다.

① 교육의 질적 수준 향상과 교육력 극대화를 통한 세계일류 수준의 교육을 한다.
② 교육은 사회적 통합력을 증진시키는 기능이 있어서 이를 통해 참다운 인성 교육과 교육 발전의 균형화를 도모한다.
③ 한국적인 전통의 보편화를 세계적 가치로 유지, 발달시키고 민족의 정체성을 내면화한다.
④ 세계 공동문제에 관심을 가지도록 하고, 이를 해결할 수 있는 능력을 신장시킨다. 또한 외국의 문화와 풍습을 충분히 이해할 수 있는 교육을 실시한다.

이에 최재선(1998)은 지식정보화 및 다문화 사회에서는 단편적인 지식을 습득하는 데에만 몰두하는 경쟁적이고 편협한 인간이 아니라 덕성을 바탕으로 풍부한 교양과 능력을 갖춘 인간, 다른 사람과 더불어 살아가는 인간, 인류가 축적해 온 문화와 예술의 의미를 알고 이를 자신의 생활 속에서 향유하는 인간이 바람직하다고 보았다.

또한 박도순(2002)은 정보화 · 세계화 시대의 교육을 통해 다음과 같은 사람을 길러야 한다고 설명하고 있다.

① 기초 학습능력과 생활능력을 튼튼히 쌓아 가는 사람
② 자기의 소질과 잠재력을 찾아 자기 분야의 기본 교양, 주요 소양을 기르고 궁극적으로 창의적인 '핵심역량' 을 지닌 사람

③ 무한한 정보의 바다를 황금어장 삼아 자기지식을 만들어 내는 사람
④ 기초 핵심지식을 바탕으로 생애 학습을 계속하는 사람
⑤ 다른 사람을 나만큼 이해하고 존중하는 온정적인 사람
⑥ 겉으로 보이는 피부색, 인종, 경제력을 넘어 사해동포를 삼을 줄 아는 사람
⑦ 욕망의 절제가 자기를 살리며, 이웃과 지구를 살리는 일임을 알고 절제할 줄 아는 자연친화적인 사람

이는 인종적 · 문화적 · 역사적으로 다른 환경에서 성장해 온 사람들과 더욱 긴밀히 협조하고 상호의존하며 성, 지역, 계층, 문화, 인종 등에 관련된 부당한 편견에서 벗어나 균형 잡힌 인성을 갖춘 사람을 제시한 것이다.

이와 같은 견해들을 종합해 보면 다음과 같은 인간상으로 정리된다.

① 올바른 인성과 도덕성을 갖춘 사람
② 자기 주도적 학습능력과 창의적인 문제해결력을 발휘하는 사람
③ 다른 사람을 이해하고 존중할 줄 아는 사람
④ 정보를 효율적으로 분석하고 활용할 수 있는 능력을 갖춘 사람
⑤ 우수한 의사소통 능력을 갖추고 다른 사람과 협동할 줄 아는 사람
⑥ 인류 공동 문제에 관심을 가지고 이를 해결할 수 있는 능력을 갖춘 사람
⑦ 시민 의식을 기초로 공동체의 발전을 지향하는 사람
⑧ 외국의 문화와 풍습을 수용하고 이해할 수 있는 사람
⑨ 민족의 정체성을 기초로 한국적 전통을 세계 보편적 가치로 발전시키고 창조하는 사람

종합적으로 다양한 문화와 사회가 기대하는 인간상을 살펴볼 때 다음의 우리나라 교육이념인 '홍익인간' 에서 바로 그 근간을 찾을 수 있다.

"교육은 홍익인간의 이념 아래 모든 국민으로 하여금 인격을 도야하고 자주적

생활 능력과 민주시민으로서의 필요한 자질을 갖추게 하여 인간다운 삶을 영위하게 하고 민주 국가의 발전과 인류 공영의 이상을 실현하는 데 이바지함을 목적으로 한다." (교육기본법 〈법률 제5437호〉 제2조)

2. 교육 목적과 목표

다문화교육에 접근하기 위해 먼저 문화의 개념을 이해할 필요가 있다. 조용환(2001)은 문화의 개념을 다음과 같이 설명하고 있다.

"문화란 타인의 행동을 해석하는 방법이며, 자신의 행동을 설계하고 실천하며 설명하는 준거이다. 문화는 나의 것이 아닌 우리의 것이기에 내 마음대로 할 수 없는 규범적인 것이며, 마음먹고 따져보기 전에는 잘 알 수 없는 무의식적인 것이다. 문화는 마치 향기와 같아서 그 냄새를 코로 맡을 수는 있지만 잡거나 볼 수는 없다. 바꾸어 말하면, 문화는 훈습되어 사람들 사이에 존재하지만 막상 그것이 무엇인지 파악하려고 하면 여간 어렵지가 않다. 문화는 시나브로 변하지만, 애써 바꾸려고 해도 잘 바뀌지 않는 관성, 내성 혹은 타성을 가지고 있다. 문화의 이러한 보수성 혹은 일상성은 사회의 진보와 발전을 가로막는 부정적인 측면도 있지만, 진보와 발전을 서서히 그러나 공고히 진행시키는 긍정적인 측면도 있다."

문화는 '가랑비에 옷 젖는다'는 우리의 옛 속담처럼 자신도 모르는 사이에 생활 속으로 파고들어 우리의 일부가 되고 우리가 섭렵하며 결국 우리가 만든 테두리 안에 스스로를 규제하고 통제하는 삶의 일부가 된다. 또한 문화는 부정적, 긍정적 측면을 동시에 가지고 있으면서 다양성과 동질성도 가지고 있다. 이와 같은 특성을 다음 명언과 속담에서 찾아볼 수 있다.

문화의 동질성과 다양성

- 하늘은 스스로 돕는 자를 돕는다.

盡人事待天命(진인사대천명) – 최선을 다하고 하늘의 뜻을 받아들인다.

Do your best, God do the rest.

- '농사'에 관한 속담

〈우리나라〉 초봄 비가 많이 오면 풍년이 온다.

〈프랑스〉 2월 비는 곡식 창고를 가득 채운다(Pluie de férier emplit les greniers): 풍년 예고의 의미.

- '비'에 관한 속담

〈우리나라〉 제비가 낮게 날면 비가 온다.

〈프랑스〉 제비들이 땅을 스쳐 낮게 날면 비 올 징조다(Quand les hirondelles volent tré bas en rasant presque le sol, signe de pluie).

문화의 차이

가령 아프리카에 있는 어떤 종족은 무지개의 빛깔을 세 가지로 표현하고, 우리의 옛 기록에는 무지개를 백색이나 오색으로 표현하였으며, 최근에는 일곱 가지 빛깔로 표현한다. 무지개가 실제로 일곱 빛깔이겠는가? 과학적으로 자세히 살펴보면 훨씬 더 많은 빛깔이 그 안에 있다. 그러나 무지개를 언어로 추상할 때 문화권에 따라 이렇게 서로 다르게 나타내는 것이다. 이것은 무지개라는 외계 현상을 인식하는 문화의 차이에서 말미암은 것이다. 세 가지만으로 구분한다고 하여 반드시 미개하다고 말할 수는 없다. 아프리카에서 생활하는 그들에게는 무지개의 빛깔을 단순화해서 그렇게 보는 것이 삶에 편리하다고 한다면, 무지개를 일곱 가지 빛깔로 보는 것보다 세 가지로 보는 것이 나을 수도 있다.

그리고 우리의 경우도 한자의 '청록(靑綠)'에 대해 구분하는 말을 가지고 있지 않다. '푸르다'는 말뿐이다. '하늘도 푸르고 풀도 푸르다.'고 표현한다. 빛깔이 엄연히 다른 데도 이 두 가지 빛깔에 대한 우리말은 '푸르다'뿐이다. 그리고 그렇게 표현해도 우리의 일상생활에서 불편하지 않았다고 할 수 있다. 이것이 바로 세계 인식의 차이이며 문화의 차이이다.

이러한 세계 인식은 여러 면에서 나타난다. '사촌'이라고 할 때, 우리는 친, 외, 내종, 이종 등 네 가지로 구분한다. 영어에서는 'cousin'으로 통틀어 표현할 뿐 아니라, 일가, 재종, 삼종까지도 뜻할 수 있다고 한다. 가족관계에 대한 표현에서 우리말이 저들보다는 좀 더 섬세하게 구분되어 있다. 사촌은 물론 가족 관계까지를 'cousin'이라는 하나의 낱말로 나타내기보다는 좀 더 자세히 표현하여 차별 내지 분별한 것이 우리의 문화이고, 그것을 필요로 하지 않는 것이 저들의 생활이고 문화라 할 수 있다(수능 모의고사 예시: 2005. 4).

문화지능

지구촌은 개인과 단체, 더 나아가 국가 간 문화의 차이에 대한 이해가 강조되는 시대로 접어들었다. 감성지능은 '상대방에 대한 판단을 늦출 줄 알고 행동하기 전에 생각할 줄 아는 여유'이다. 감성지능이 높은 사람은 상대방이 나와 다른 점을 잘 파악한다. 〈중략〉 문화지능은 감성지능보다 넓은 개념으로 어떤 개인이나 그룹의 행동에서 보편적으로 통하는 특징과 그 그룹에만 국한된 특징을 구별해 내는 능력이다. 상대방의 문화가 보편적인 것으로 판단되면 겉으로라도 그것을 따르려고 할 줄 알아야 문화지능이 높은 사람이다(정명진, 2004).

다문화교육은 다양한 문화적 차이를 이해하고 인식하는 데서 출발하며, 나와 다른 사람의 차이를 바탕으로 서로 소통하고 대화함으로써 서로의 삶을 긍정적이고 창의적으로 변화시키는 과정이다. 따라서 다문화교육은 '여러 나라 문화와 인종 또는 비주류 문화를 교육과정에 포함시키는 것만이 아니라 궁극적으로 다양한 집단이나 사람들과 상호작용하는 방법을 가르치는 교육'(김영옥, 2002b; 류방란, 2006)이다.

03_

유아 다문화교육의 내용

1. 교육내용

현대사회에서 유아가 바람직하게 살아가기 위해서는 한 나라 내에 인종 · 종교 등을 달리하는 집단의 문화적 · 사회적 다원성의 가치를 인식해야 하고, 이 문화적 다양성의 가치는 보호하고 확장해야 할 귀중한 자원이라는 것을 깨달아야 한다. 즉, 이 시대에서 유아는 어떤 집단도 고립상태에서 생존할 수 없고 상호관계를 이루면서 전체의 일부로서 존재한다는 것을 알아야 한다(차갑부, 1997).

멜렌데스, 벡과 플레처(Melendez, Beck, & Fletcher, 2000)는 다양성의 요소를 다음의 여덟 가지로 들고 있다.

- 국적(Nationality): 자신 또는 부모의 출생과 관련된 국가의 근원
- 종족/인종성(Race/Ethnicity): 개인의 정체성 형성에 영향을 주는 집단의 문화적 전통
- 종교(Religion): 개인이 지닌 신념체계

- 사회계층(Social Class): 개인이 속한 사회적 집단(수입, 교육, 직업, 생활방식, 집단이 공유하는 전형적 가치)
- 언어(Language): 자신의 근원과 관련된 언어
- 성(Gender): 여성과 남성에게 부여된 사회적으로 수용되는 역할과 기대
- 예외성(Exceptionality): 신체적, 정신적으로 여러 가지 장애를 가진 사람 또는 천재, 영재와 같이 특별한 능력을 가진 사람
- 연령(Age): 연령집단에 기초하여 부여된 사회적으로 수용되는 책임과 기대(개인이 속한 문화적 집단에 따라 다름)

니에토(Nieto, 1992)는 다문화교육을 다음의 일곱 가지로 정의함으로써 다문화교육의 방향을 제시하고 목표와 내용을 시사하고 있다.

- 반인종편견 교육(Anti-Racist Education): 차별적인 습관과 행동에 대한 인식 및 차별에 반대하는 행동을 하도록 하며, 공평과 평등에 대한 감각을 증진시킨다.
- 기초 교육(Basic Education): 다문화와 세계 사회에서 효율적으로 상호작용하는 필수적인 지식과 기술을 제공한다.
- 모든 아동에게 중요한 교육(Important for All Students): 자신의 문화적 특성에 관계없이 중요하고 필수적인 교육과정이다.
- 널리 미치는 영향력(Pervasive): 모든 교육과정 영역에 골고루 퍼져 있으며 다문화에 중점을 두어 통합할 때 교육과정은 적절하고 효과적이다.
- 사회정의적 교육(Education for Social Justice): 사회적 공평과 평등의 발달을 촉진시킨다. 다문화에 초점을 두어 설계된 수업 경험은 사회적 상황을 탐구하고 부당한 사건에 대해 판단할 수 있게 한다.
- 하나의 과정(A Process): 태도와 가치를 경험하고 명료화하는 과정이다. 다문화교육은 사회적 현실을 경험해 볼 수 있도록 격려하는 데 필수적이고, 역

동적이며 지속적인 경험이므로 유아에게 긍정적이고 다문화적인 환경에서의 상호작용에 대한 대응능력을 길러준다.

- 비판적인 교육(Critical Pedagogy): 지식을 탐구하고 다양한 시각으로 아이디어와 사건을 고려한다. 유아에게 사건을 면밀히 탐구하게 하고 공정함과 평등을 추구하여 분석하도록 지원하고 격려한다. 사회적 공평과 평등함을 발달시키며 반편견 교육이 필요하다.

니에토, 멜렌데스, 벡과 플레처(Nieto, 1992; Melendez, Beck, & Fletcher, 2000, 재인용)는 특히 다문화교육의 이론적인 근거를 반편견 교육과 관련지어 강조하고 있다. 반편견 교육은 국내의 학술대회 및 책자들(김영옥, 1998; 이경우, 이은화, 1999)에 소개되어 있다.

다문화 사회에 적합한 유아교육의 목적 또는 목표는 여러 문헌들(Banks, 1994; Boutte, 1999; Derman-Sparks, 1993; Morrison, 2007; Nieto, 1992; Ramsey, 1987; Swiniarski, 2003)에 의하여 논의되어 왔다. 초기에는 주로 반편견 교육을 중심으로 소개되어 왔으나 편견을 극복하고 생각을 넓힘으로써 다양한 삶의 행태에 대한 이해의 폭을 넓히게 되므로 결국 문화의 다양성을 수용하고 세계 공동체를 위해 서로 다른 역할을 수행하는 것으로 집약된다. 이들은 모두 문화 간 · 국가 간 · 집단 간 · 개인 간에 친밀한 관계와 이해의 증진을 획득하기 위한 지식 · 기술 · 태도의 발달을 도모하는 데 동의하고 있으며 문화, 협력, 편견, 정체성 형성, 평등성, 다양성 등을 공통적으로 지적하고 있다. 몇몇 대표적 예를 들면 다음과 같다.

램지(Ramsey, 1987): 문화 · 편견 · 정체성 · 다양성 · 관계증진

- 성 · 인종 · 문화 · 계층 · 계급 · 개인의 정체성을 발달시켜 나가며 다양한 집단 내에서 구성원을 인식하고 수용하도록 돕는다.
- 나와 다른 것에 대한 개방성 · 흥미 · 차이를 포함하여 가까이 하려는 의지, 협력에 대한 사회적 관계를 형성하도록 돕는다.

- 자율적이고 비판적인 분석가나 활동가가 될 수 있도록 한다.
- 학교와 가정 간의 능률적인 상호 관계를 증진시킨다.

더먼-스파크스(Derman-Sparks, 1993): 정체성 · 편견 · 협력

- 유아가 지식과 자아개념, 집단의 정체감을 형성할 수 있도록 한다.
- 다양한 배경을 지닌 사람들과 편안한 상호작용을 할 수 있도록 돕는다.
- 편견에 대한 비판적인 사고를 촉진시키며 자신과 타인을 방어할 수 있는 능력을 기르도록 지원한다.

뱅크스(Banks, 1994): 문화 · 평등성

- 다양한 구성원에게 교육적 평등을 확대한다.
- 미래 세계에서 생존하고 능률적으로 기능하는 데 필요한 지식, 기술 및 태도를 발달시키도록 돕는다.

교육내용에 대하여 국내에 소개된 문헌 중 조연순(1996)은 UNESCO 등의 문헌을 근거로 지식 · 기술 · 태도를, 양옥승(1997)은 정체성 · 다양성 · 문제해결력을 제시하고 있다. 또한 채정란(1999)은 교육의 내용을 다음 여섯 가지로 요약하고 있다. 각 내용의 개념을 추출해 보면, 문화(문화 간의 유사점과 차이점의 특징 알기/ 각 문화에 대한 이해 및 존중감 기르기/ 문화 간 긍정적 태도 발달시키기), 협력(다양한 사람들과의 상호작용 능력 증진시키기/ 다양한 사람들과의 협동 능력 증진시키기), 편견(선입견, 편견, 고정관념에 비판적 사고 형성하기/ 문제 상황에 대한 대처 능력 기르기), 정체성 형성(긍정적 자아개념 기르기/ 자아 정체감 및 집단 정체감 형성하기), 평등성(국가, 민족, 성, 능력, 계층에 대한 긍정적 태도 가지기/ 인간 평등의 가치 형성하기), 다양성(다양한 개인과 집단의 존재 인정하기/ 다양성 존중의 마음 갖기)으로 정리된다. 그리고 교육부(1999, 현 교육과학기술부)는 문화 · 다양성 · 평등성 · 협력의 개념을 중심으로 교육내용을 광범위하게 제시한 바 있다.

2. 지침 및 접근방법

1) 다문화교육을 위한 지침

다문화교육을 위한 지침은 스위니아르스키와 브레이트보드(Swiniarski & Breitborde, 2003: 216-218)의 내용을 정리한 것이다. 그들은 세계화교육의 12가지 원리를 주장하고 있으며, 최근 첨가된 원리에는 지속적인 환경을 지지하고, 교수 · 학습의 정신을 강화하는 내용을 강조하고 있다. 가정, 지역사회, 학교, 영유아교육기관에서 다문화적이고 세계화에 기초한 메시지를 적용할 때 지침이 될 수 있는 원리들로, 보다 다양한 준거들이 지속적으로 첨가되고 개발될 것이다.

(1) 기본교육이다

① 교육과정의 요소와 내용에 다른 나라 및 세계와 관련된 정보, 이슈, 관심사 등이 총체적으로 포함되어 있는가?

② 교육과정이 아이들에게 기본적인(세계 언어, 수학, 테크놀로지에 대한 교육을 포함한) 교양을 제공해 주는가?

③ 교육과정을 계획, 검토, 평가, 실행, 개정하고 관련된 교재 교구를 구입할 때 세계적인 관계들을 고려하는가?

(2) 평생교육이다

① 교육과정이 아이들로 하여금 다른 연령의 사람들과 함께 학습할 수 있는 경험의 기회를 제공하는가?

② 학교나 센터의 전문성 발달 프로그램들이 성인교육을 위해 세계 다른 분야의 교육자들과의 연구, 움직임이나 이동, 의사소통을 포함한 세계적 이슈들을 제공하는가?

③ 부모와 지역사회의 구성원들이 학교나 센터의 생활에 학습자, 교사, 의사 결정자로 참여하는가?

(3) 협동 학습이다

① 교육의 실제에 아이들이 함께 활동하고 서로에게 배울 수 있는 의미 있는 기회가 포함되어 있는가?

② 효과적인 협동을 위해 필요한 사회적 기술들을 직접 가르치는가?

③ 교사와 부모가 아이와 함께 배우는가?

(4) 모든 것을 함께 포함한다

① 학교나 센터의 정책들이 가족 형태 간 차이를 존중하는가?(예: 학부모회의 스케줄, 모국어로 적힌 문서 등)

② 유아교육 단체 및 기구는 다른 집단들과 정기적인 상호작용을 하는가?

③ 교육자료와 교육과정의 내용이 모든 학습자들에게 공평한가?

(5) 사회적 행동을 위한 교육이다

① 교육과정은 지역사회 서비스 기회를 아이들에게 제공하는가?

② 교사와 행정가들은 지역적, 국가적, 세계적 관심사를 옹호하는가?

③ 아이들에게 지역적, 국가적, 세계적 상황을 개선하려는 성인들의 노력에 대해 가르치는가?

(6) 경제교육이다

① 교육과정에 유아를 위한 경제교육이 포함되어 있는가?

② 학교나 센터의 아이템 구매자들은 지역, 국가, 세계 사람들의 삶과 복지에 필요한 구매 성향을 고려하는가?

③ 아이들과 교직원이 자원을 현명하게 사용하도록 격려하는가?

(7) 테크놀로지가 포함된다

① 아이들은 학습을 위한 새로운 테크놀로지에 공평한 접근이 가능한가?

② 세계 사람들과의 의사소통을 강화하기 위해 테크놀로지가 사용되는가?

③ 특별한 요구가 있는 아이들의 학습 문제를 개선하기 위해 테크놀로지가 사용되는가?

(8) 비판적이고 창의적인 사고를 요구한다

① 아이들에게 정보를 분석하고, 종합하고 검토하도록 강화하는가?

② 교육과정은 아이들로 하여금 문제를 제기하고 가설을 세우고 해결책을 찾아내도록 강화하는가?

③ 유아들에게 창의적인 아이디어와 프로젝트가 야기되고 수행될 수 있도록 하는 중요한 기회가 주어지는가?

(9) 다문화적이다

① 학생기구를 구성하는 데 있어 해당 지역 및 지방의 문화를 반영하는가?

② 교육과정이 아이들로 하여금 자신의 풍부한 문화유산에 대해 배우고 각자 문화적 배경에 자부심을 지닐 수 있도록 하는가?

③ 아이들이 자신과 문화적 배경이 다른 아이들과 주기적이고 실질적으로 어울릴 수 있도록 기회를 많이 제공하는가?

(10) 도덕교육이다

① 학교나 센터는 서로 존중하고, 보살피며, 지원하는 분위기를 지지하는가?

② 아이들은 그들의 행동이 타인에게 주는 영향에 대해 고려하고 그 책임감에 대해 배우는가?

③ 학교나 센터 내에서 윤리와 도덕에 관한 문제들이 성인들 간, 아이들 간에 정기적으로 논의되고 있는가?

(11) 자원의 고갈 없는 지속적인 환경을 지지한다

① 학교나 센터는 주변 환경을 존중하고 보호하기 위한 활동을 모든 시설의 내부 및 외부에서 전개하는가?

② 교육과정에 물리적 세계를 보호하고 보존하기 위한 노력과 환경적인 이슈들을 다루고 있는가?

③ 학교나 센터는 재활용, 식수(나무심기), 운동장 유지보수와 같은 지역사회의 프로젝트에 참여하는가?

(12) 교수와 학습의 정신을 강화한다

① 학교나 센터가 교직원과 아이들 각각의 독특한 공헌을 존중해 주는가?

② 아이들은 물론 교직원들도 교육 절차(Educative Process)에 반영되도록 격려되는가?

③ 학생뿐만 아니라 교직원들도 도전적인 질문을 하고 해결책을 추구하도록 격려되는가?

2) 접근방법

맥노턴과 윌리엄스(MacNaughton & Williams, 1998)는 더먼-스파크스(Derman-Sparks) 외 다른 연구자(1989)의 논의를 기초로 다문화교육의 접근방법을 자유방임적 접근(Laissez-Faire Approach), 특별한 준비에 의한 접근(Special Provisions Education Approach), 문화 이해적 접근(Cultural Understanding Approach: Tourist Approach), 인권적 접근(Human Rights Approach), 반차별적 접근(Anti-Discriminatry Approach)으로 분류하였으며, 최근에 멜렌데스와 벡(Melendez & Beck, 2006)은 뱅크스 등(Banks et al., 1993)의 이론을 인용하여 교육과정 통합의 단계를 다음과 같이 제시하였다. 교육과정은 동일하나 활동을 다소 첨가하여 기여하는 소극적 단계(The Contributions Approach), 교육과정은 동일하나 선정된 문화적 주제를 포함하여 더해지는 단계(The Additive Approach), 교육과정이 문화적 집단의 주제와 개념을 중심으로 전환되는 단계(The Transformation Approach) 그리고 다양한 사회적 문제와 현상을 이해하도록 발전적인 형태를 갖는 단계(The Social Action Approach)로 제시하였다.

이와 같은 동향을 바탕으로 다문화교육의 개념체계를 구성해 보면 [그림 3-1]과 같다.

각 단계들이 어떤 형태이든 인식과 행위가 통합되어 내면화되기까지는 많이 보고 경험하는 단계를 기초로 친밀감, 편안함, 연계성을 느끼며 공감하고 감정이입하는 단계로 발전하는 과정이 요구된다.

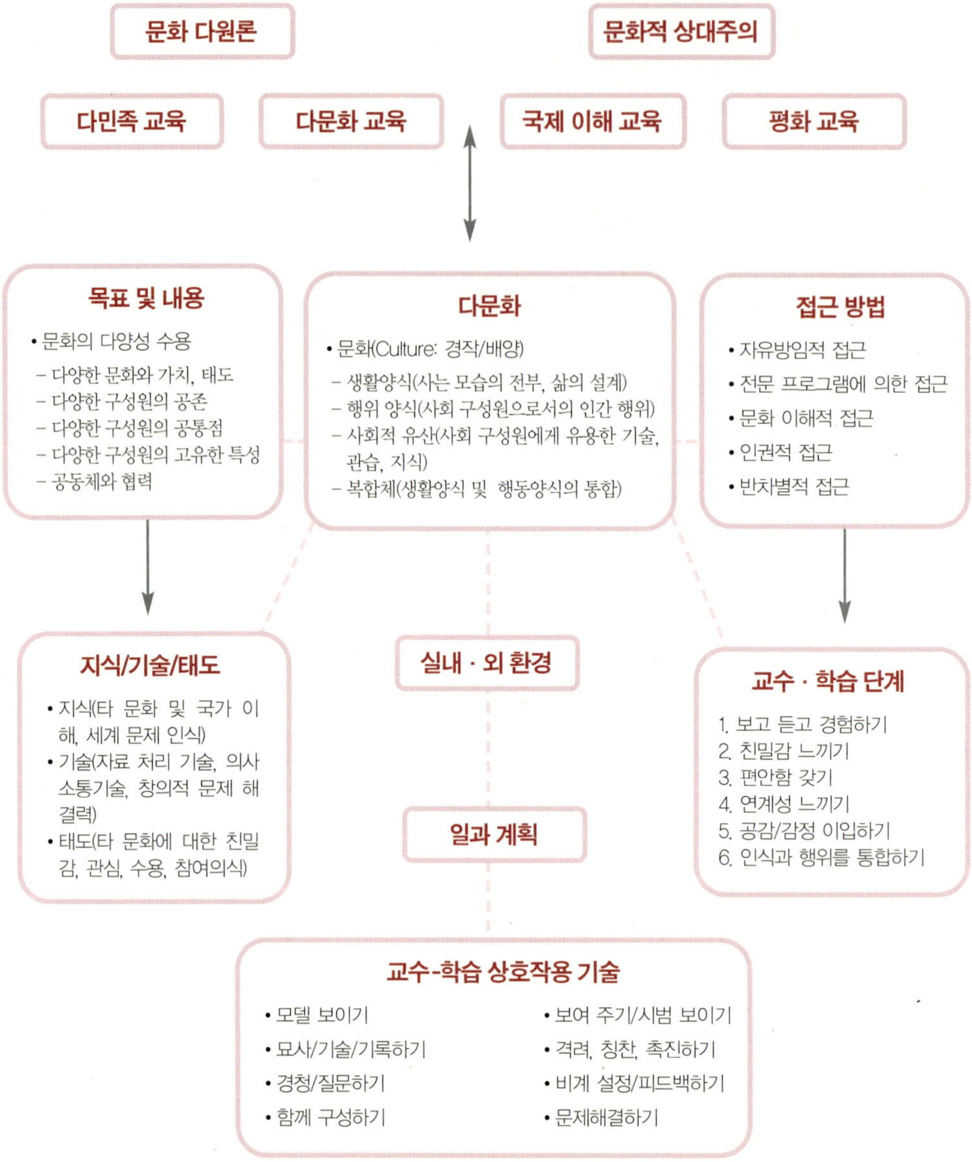

[그림 3-1] 다문화교육의 개념 체계

• 출처: 김영옥(1998; 2001; 2002a, b, c), 김영옥 등(2002)을 재구성함.

04_

유아 다문화교육의 방법

1. 현장적용의 원리와 교육과정화

다문화교육의 원리는 기본적인 교육과정 원리와 크게 다르지 않다. 현장에 적용해 볼 수 있는 다문화교육의 원리를 설명해 보면 다음과 같다. 이들은 다문화교육의 소재, 교수 · 학습 방법, 다문화교육의 확장 및 활동방법의 근거가 될 수 있다.

1) 인종, 성, 장애, 언어, 직업, 연령, 능력, 사상 등을 포함한 다양한 교육활동 제공

다문화교육의 내용은 '유아에게 다문화적 사고와 인식을 제공할 수 있는 것'으로서 그 내용이 정해져 있지는 않다. 즉, 언어의 경우는 음성언어, 문자언어, 수화 등 다양하게 세분화하여 적용할 수 있다. 직업도 대분류에 속하는 것 이외에 미래에 가능한 직업, 이를테면 향기 제조업자, 냄새 맡는 전문가, 우주여행 가이드, 로봇 수리 전문가 등 그 대상이 얼마든지 확대될 수 있다. 또한 공은 어린 연령의 아이들만이 가지고 노는 것이 아니라 연령과 성에 관계없이 남녀노소의 놀잇감이 될 수 있다(예: 조기축구회, 노인들의 게이트볼, 동네아이들의 축구나 배구, 청소년 야구 등). 뿐만 아니라 할머니 생신날 생신상이 각 가정마다 다른 형태와 음식들로 차려지는 것(우리 집은 생신상을 차리는가 하면, 어떤 집은 절에 간다거나 교회에서 축복 기도회를 하는 등)이나, 한 나라 안에서도 풍토나 지역의 특성에 따라 삶의 모습이 다양하며 제주도의 돌담집, 강원도의 너와집, 울릉도의 투막집과 같이 각기 다른 지붕의 형태도 다양한 생활의 지혜에 접근하는 예가 된다.

2) 사진, 그림책, 놀잇감, 생활소품, 예술품 등의 다양한 자료 및 지역사회의 인적 자원 활용

다문화교육은 나와 다른 문화를 전제로 하기 때문에 나의 경험과 공간적으로 떨어져 있을 수 있다. 이와 같은 거리감을 좁히기 위해서 가장 쉽게 동원할 수 있는 것이 사진이나 그림 자료, 인터넷 검색을 통한 정보자료이다. 뿐만 아니라 가까이 있는 실물로서 놀잇감, 신발, 열쇠고리, 머리핀, 화폐, 인형 등과 같은 생활 소품이나 지역과 환경이 반영된 토속적 예술품 등도 활용될 수 있다. 그림책 『동글이의 진짜이름』(한국어린이육영회, 1995)은 문화권마다의 생활용도를 살펴볼 수 있으며, '부메랑'은 이것을 사용했던 오스트레일리아 원주민들의 의식주를 가늠케 한다. 화로, 찻잔, 가죽 띠, 바로크 풍의 의자, 먹물그림, 작은 젓가락 받침 등도 다양한 생활문화와 건축문화를 알 수 있게 하는 잠재적 도구와 교재가 될 수 있다.

3) 인간의 삶에 대한 과거, 현재, 미래를 다룸으로써 유아들에게 시간과 공간적인 측면의 변화를 이해하도록 돕는 다양한 교육활동 제공

다문화교육은 전통문화 이해교육과 세계 이해교육으로서 역사, 박물관, 항공우주 등 시간의 흐름에 따른 지속성과 변화를 다루므로 다문화적 관점에서 좀 더 폭넓고 다양한 관점을 가지고 세상을 새롭게 이해하고 학습할 수 있도록 배려한다. 타임머신 활동은 다문화교육의 좋은 예이다. 구체적으로 과거의 역사적 인물 되어 보기(거북선 만들기 등), 관련 소품(의복, 도구)이나 역할 정하기가 가능하며, 같은 시간과 공간 안에서 일어나는 다양한 생활모습을 살펴보는 활동도 가능하다. 예를 들면, 현재의 여러 동네(도시, 농어촌, 광산촌 등)의 생활을 알아보는 활동 또는 '우리 집에서 저녁 먹고 하는 일'과 같은 내용으로 아파트를 꾸며본다면 같은 시간대에 일어날 수 있는 다양한 공간의 장면이 다루어질 수 있다. 또한 다이얼 공중전화가 DMB(Digital Media Broadcasting)로 변화·발전되는 과정을 통해 미래의 도시를 계획하거나 미래의 일상생활을 알아보는 것도 가능하다. 그리고 문화재의 가치에 대한 활동으로 옛 유물과 현재 사용하고 있는 물건들과의 비교, 과거와 현재의 것을 비교해 보고 미래에는 어떤 모습일지에 대해 디자인을 구성해 보는 활동, 인간의 진화과정에서부터 도구나 로봇의 활용을 통한 미래의 예측뿐만 아니라 직접적인 문화 체험을 통한 교육의 장으로서 박물관을 활용해 보는 것도 좋을 것이다.

4) 유아교육에 적용되고 있는 자기표현, 토의하기, 문제해결, 추론하기, 모델링 등의 다양한 교수·학습방법 적용

단지 다른 문화를 소개하는 정도의 폐쇄적이고 소극적인 생각에 머물러 그저 보여 주기나 설명하기를 다문화교육의 대표적인 교수·학습방법으로 간주하기 쉬우나 다양한 문화를 체감하고, 이를 음악, 문학, 미술과 같은 자기표현 또는 조형적 협동 활동으로 연계하는 것이 바람직하다. 인도의 웅덩이에 빠진 코끼리를 건지는 방법이나 제주도 전통 대문이 상징하는 것을 이해하는 방법, 광산촌에서 해변가로 물건을 나르는 방법 등은 문제해결이나 추론하기의 소재로 다루어질 수 있다. 소개에 그치기보다 문제해결 과정에서 사회문화적 특성이나 환경이 반영되고 사고의 확장에 다양한 삶의 모습이 투영된다면 교육의 질적 효과를 극대화할 수 있다.

5) 다양성 속에 있는 동질성을 찾기 위해 각기 다른 문화권의 소재에서 같은 주제를 찾거나 또는 같은 주제를 각기 다른 다양한 장면으로 연계

그림책 『순이와 어린 동생』(한림, 1989), 『피터의 의자』(시공사, 1996), 『내 인형이야』(보림, 2003)는 각기 다른 문화권에서의 형제애를 그려내고 있다. 동생에게 들려주는 '자장가'가 여러 문화권에 있으며, 신데렐라 이야기가 전 세계에 있는 것, 세계 여러 나라에 유사한 돌차기놀이(Hopscotch)가 있는 것도 같은 맥락에서 이해될 수 있다. 또한 이들 그림책을 생활주제인 '우리 가족'과 연계하여 다양한 교육활동과 통합하여 전개할 수 있다. 각 나라마다 같은 동물 울음 소리를 다르게 표현하는 것을 예로 들 수 있다. 우리나라는 닭 울음소리를 '꼬끼오, 꼬꼬댁 꼬꼬'라고 표현하나 외국에서는 'cluck, crackle' 또는 'cock-a-doodle-doo'로 나타낸다. 소의 울음소리도 우리나라는 '음메~', 외국에서는 'moo moo'로 표현한다. 그리고 '물건의 이동'에 있어서도 육지에서, 바다에서, 산골짜기에서 또는 교실 안에서의 물건 나르기의 다양한 장면으로 연계되는 것도 같은 주제를 다양한 장면으로 연계할 수 있는 하나의 예가 될 수 있다.

6) 교육과정의 여러 영역에 통합

유치원 교육과정은 현재 건강, 사회, 표현, 언어, 탐구 생활의 5개 영역으로, 보육과정은 기본생활, 신체운동, 사회관계, 의사소통, 자연탐구, 예술경험의 6개 영역으로 구분되어 있다. 다문화교육을 상당히 제한적으로 인식하는 경우가 많으나 여러 생활주제와 연계하여 활동을 전개할 수 있다. 공놀이를 증진시키는 외국 동화나 다양한 언어를 소개하는 그림, 화산지역을 탐색하거나 민속작품의 꽃이나 나비에 대한 섬세한 이야기 등은 신체운동 또는 언어나 탐구 생활으로 안내될 수 있다. 또한 다른 나라나 지방, 도서 벽지의 독특한 민요와 예술품, 소장품 등은 예술경험이나 표현활동으로 연계할 수 있다.

7) 공동의 목표를 추구하는 교육활동 제공

유아들에게 공동의 목표를 추구하는 활동을 제공함으로써 상호 간에 가치 있는 협력자, 친구로서의 인식을 강화할 수 있으며 질적인 협동학습을 유도할 수 있다. 또한 세계의 공동 관심사, 즉 현재 세계적으로 이슈가 되고 있는 시사적인 문제에 대해 신문, TV매체 또는 인터넷을 활용하여 유아들의 직접적인 참여를 격려함으로써 토의하기, 의견 공유하기, 문화적인 이해와 문제해결하기, 다른 사람의 생각 수용하기 등 다양한 관점에서 바라볼 수 있는 시각을 길러줄 수 있다. 예를 들면, 자연재해(인도네시아 지진해일)에 관한 사건, 주변의 기부 또는 자선 행위에 대하여 감정이입 또는 문제해결 방법을 동원할 수 있다. 또한 행위의 형태나 양식은 다르지만 다른 사람과 소유물을 나누고 배려하는 목적이나 목표가 같음이 다문화교육에서 다루어질 수 있다.

2. 교수 · 학습의 소재

다문화적 교육과정을 현장에 적용하기 위해서는 앞에서 설명한 원리를 근거로 하여 다문화적 소재를 선정하는 일도 중요하다. 선정된 소재는 유아교육과정에 쉽게 적용될 수 있도록 보다 정교화해야 하는데, 그 소재의 몇 가지 예를 제시해 보면 다음과 같다.

① 문화에 대한 다양한 측면을 보여 주는 소재
② 특정 집단보다는 여러 집단에 관련된 소재
③ 특정 시기와 장소보다는 과거와 현재, 지역 및 공간의 이동과 관련된 소재
④ 타인과 다른 문화를 이해하고 존중하는 소재
⑤ 각기 다른 성격의 인물이 등장하는 소재
⑥ 유아의 환경이나 발달, 성장에 적절한 소재

⑦ 기타 다문화적 관점과 교육적 성장에 도움이 되는 소재

3. 교수 · 학습의 계획

1) 생활주제와의 연계

다문화 관련 내용은 유아교육 현장에서 '우리나라' 와 '세계 여러 나라' 를 중심으로 비교적 제한적으로 다루어지기 쉬우나 장소와 시기에 제한을 받지 않고 연간계획 안에서 다양하게 이루어질 수 있다. 우리나라 영유아교육기관에서 다루어지는 생활주제를 근거로 현장 적용의 예를 구성해 보면 다음 [그림 4-1]과 같다.

주제를 선정할 때에는 교육과정 속에 다양성을 통합하는 내용을 고려해야 한다. 또한 유아가 관심 있어 하는 것으로 인간 본성에 대한 이해의 폭을 확장시킬 수 있는 것이어야 한다(Banks & Banks, 1993; McCracken, 1993; Melendez & Beck, 2006; Morrison, 2007).

교사는 우선 교육목표에 비추어 다루려는 내용이 적절한가를 고민해야 한다. 만일 '모든 유아교육기관에는 역사가 있다.' 는 주제를 선정하였다면, 이것만으로 유아와 상호작용하기에는 충분하지 않으므로 다루어질 교육내용의 초점이 무엇인가를 구체화해야 한다. 즉, 유아교육기관의 전통과 역사를 다루기 위하여 전해 내려오는 이야기, 설립당시 일화, 전에 계셨던 선생님들이나 선배들의 미담, 원가나 원기와 같이 기관 내의 역사를 전달할 수 있는 상징과 물건 및 사건 등을 생각할 수 있다.

유아교육기관에서 해마다 이루어지는 입학식과 졸업식도 나라마다 다를 수 있으며 지역, 유아교육기관에 따라 다를 수도 있다. 이와 같은 일상의 사건도 공통점이 있거나 독특하며 또는 전통적인 의식으로 발전시킬 수 있는 소재이므로 그 전달과 공유의 구체적인 절차와 방법을 세분화하여 계획해 볼 수 있다. '우리

유치원과 친구

- 여러 지역 유아교육기관의 일과
- 여러 문화권 유아교육기관의 행사
- 유아교육기관의 역사와 전통
(전해 내려오는 이야기, 설립당시 일화, 전에 계셨던 선생님들 이야기 등)

나와 가족/우리 동네

- 다양한 가족 구성
- 의사소통을 하기 위한 언어
- 가족 놀이나 게임 장면
- 주변 여러 문화권의 시장/집/벽화
- 주변 지역의 미화/홍보/안내
- 우리 가족 이야기
(할머니 · 할아버지 어렸을 때 등)

계절(봄, 여름, 가을, 겨울)

- 날씨와 관련된 생활의 지혜
- 날씨와 하는 일(농사/농부)
- 의류, 생활 용품
(모자의 쓰임새 등)

건강과 안전

- 음식의 가공법
- 여러 문화권에서 먹는 주식
- 김치의 다양한 종류
- 불편한 사람 도와주기

동식물과 자연/환경과 생활

- 애완동물
- 여름과 크리스마스
- 재활용 방법과 재료들

교통기관

- 다른 장소로 가는 방법
- 물건 운반하는 방법
- 다양한 생활 형태와 사람들의 이동(교통수단 등)

생활도구

- 다양한 소리와 소리를 내는 방법
- 필요한 물건을 만들어 쓰는 지혜
- 다른 문화권의 다양한 악기, 소도구, 생활소품(신발 등)

우리나라/세계 여러 나라

- 축제
- 놀이/게임
- 바느질
- 물건 사용의 공통점과 차이점

특별한 날들 • 입어 보고 싶은 옷 • 소원을 비는 방법 • 축하행사

[그림 4-1] 생활주제별 다문화 관련 내용의 적용

• 출처: 김영옥(2002a). 『유아를 위한 다문화교육』에 소개된 생활주제별 내용을 재구성함.

동네 사람들이 하는 일'에서 다루고자 하는 내용이 '다양한 직업'인가 아니면 '사람들은 많은 곳에서 서로 함께 일한다.'와 같은 메시지를 전하고자 하는가에 대하여 그 교육적 방향성과 내용 및 방법의 연계가 신중하게 다루어져야 한다.

2) 동질성에 기초한 다양성/다양성에 기초한 동질성

다문화교육의 내용을 다루는 데는 동질성에 기초한 다양성을 염두에 두는 것도 바람직하다. 즉, 인간 삶의 형태와 모습은 다양하지만 그 본질적 동질성에 대한 공감과 시야를 제공해 주는 일이 필요하다.

다음의 활동은 생활주제 '생활도구' '세계 여러 나라' 가 진행될 때 이루어질 수 있는 내용의 한 예를 구성해 본 것이다. 접근방법에 따라 방향이 다른 교수 · 학습으로 전개될 수 있음을 보여 준다. 이때 교수 · 학습 자료를 적절히 선정하는 일에 유의해야 할 필요가 있다.

활동명 : 여러 가지 방법으로 물건을 나르고 있어요	
활동목표 A	활동목표 B
• 물건을 운반하는 다양한 방법을 안다. • 물건을 운반하는 여러 가지 도구에 관심을 갖는다. • 지역이나 나라마다 필요한 물건을 운반하는 수단이 있음을 안다.	• 지역이나 환경에 따라 물건을 운반하는 다양한 방법이 있음을 안다. • 물건을 운반하는 여러 가지 도구에 관심을 갖는다. • 물건을 보다 적절하게 운반하는 방법을 생각할 수 있다. • 물건을 운반하는 사람과 대상에 대해 관심을 갖는다(이유, 내용물, 대화 등).

활동명 : 무슨 소원이 있을까?	
활동목표 A	활동목표 B
• 다른 나라의 사람들이 소원을 비는 모습을 안다. • 소원을 비는 방법에는 여러 가지가 있음을 안다. • 소원을 비는 다른 나라 사람들의 모습을 표현한다. • 소원을 비는 이유를 안다.	• 누구나 소원이 있음을 안다. • 소원을 비는 여러 가지 마음을 생각해 보고 느껴 본다. • 다른 사람의 소원을 비는 방법에 관심을 갖고 존중한다. • 다른 사람을 위해 소원을 빌어 보는 경험을 한다. • 문화권에 따라 기도나 소원의 표현방법이 다름을 안다.

이와 같은 활동은 개념체계에 제시된 보고 듣고 경험하기, 친밀감 느끼기, 편안함 갖기, 연계성 느끼기, 공감/감정 이입하기, 인식과 행위 통합하기와 같은 단계를 고려하여 설계할 수 있다.

3) 다양한 놀이장면의 연계 및 통합

우리는 다문화 사회에서 보다 열린 사고를 갖고 다양한 사람을 이해하고 존중하며 그들과의 상호작용을 통하여 협력의 인프라를 구축하는 창의적인 인간을 기대하고 있다. 다문화적 활동은 언어와 표현활동, 요리와 탐색활동, 신체와 리듬활동 등 현장에서 다양하게 전개될 수 있다.

각 활동들은 하나의 문제를 해결하기보다는 다양하게 연계되고 통합된 상황에서 종합적으로 문제를 해결할 수 있어야 한다. 삼성경제연구소(2006)가 내놓은 「한국 정책지식 생태계 활성화 전략」이라는 보고서에 따르면, 우리나라 지식인 사회의 수준과 성향을 평가한 결과 사회현상을 통합적으로 보는 유기적인 사고가 부족하고 각 사안에 대해 단편적이고 분절화된 접근을 하고 있다는 것이 지적되었다(한국일보 2면, 2006. 9. 26). 예를 들면, 국가적 이슈로 떠오른 몇 가지 정책에 대해 전문가들의 저작물을 분석한 결과, 교육정책과 부동산정책이 연계되어 종합적으로 판단된 사례가 한 건도 없었다는 것이다. 교육과 부동산 정책이 연계되어 있다는 것에 모두가 공감하면서도 이를 융합하여 통찰력 있는 분석과 문제해결을 하지 못하고 있다는 문제점을 제기하고 있는 것이다. 또 식품, 제약, 화장품 회사들이 기존의 전문 영역을 초월하여 업종 간에 타 영역을 넘나들며 제품을 생산하고 있다는 보고(조선일보 B4, 2006. 9. 6)도 이와 같은 맥락에서 이해될 수 있다.

다음은 하나의 놀이장면을 보다 다양하게 연계한 사례이다.

〈표 4-1〉 놀이계획 A(각각의 역할놀이 활동)

계획A: 우체부 놀이, 미용실 놀이, 시장놀이를 각각 실시함	
• 활동 '편지를 배달해요'	• 우체부 역할을 정한다. • 주사위를 굴린 후 주사위의 눈만큼 게임판에 가서 편지를 배달한다. • 게임방법과 기본 규칙에 따라 게임을 실시한다. • 편지를 꺼내어 맞게 배달했는지 피드백한다.
• 활동 '미용실에 가 보아요'	• 미용실 활동자료들을 활용하여 역할놀이에 참여한다. – 미용실 소도구: 헤어기구(롤, 모자, 드라이기, 빗, 고데기), 앞치마, 보자기, 스펀지, 물뿌리개, 화장대, 거울, 물건수납 이동대, 가위, 의자, 잡지책
• 활동 '즐거운 시장놀이'	• 유아들에게 놀이시간에 만든 일정 금액의 화폐를 주고 과일가게, 야채가게, 신발가게, 생선가게, 빵가게에서 필요한 물건이나 심부름 카드를 받아 그 카드에 있는 물건들을 사온다.

〈표 4-2〉 놀이계획 B(연계된 역할놀이 활동)

계획B : 우체부 놀이, 미용실 놀이, 시장놀이를 연계함

• 활동 – '편지를 읽어 보세요' '미용실에 가 보아요' '즐거운 시장놀이' 활동을 연계한다.

예 1) 오빠의 운동화가 떨어졌어요. 운동화 한 켤레()를 사다 주세요. 그리고 오빠와 나누어 먹을 식빵 한 개()도 사오면 오빠가 좋아할 거예요.

〈미용실 무료 쿠폰〉
• ○○미용실에서 당신을 초대합니다.
• 당신의 머리를 바꾸어 드립니다.

예 2) 오늘은 친구 생일이에요. 생일선물로 샌들 한 켤레 ()를 준비하기로 해요.
그리고 파티에 가서 먹을 햄버거 한 개()와 케이크 한 조각()을 사오세요.

예 3) 아름다운 바닷가에서 열리는 패션쇼에 당신을 초대합니다. 아름다운 모습을 보여 주세요. 다양한 천들로 자신을 꾸며 보아요. 단, 손에는 우산을 꼭 들고 오세요.

참고사항	– 선택한 편지의 내용에 따라서 유아는 시장에 가서 물건을 사거나, 미용실에 가서 머리를 하는 등 여러 가지 방법으로 문제에 접근한다. – 상황에 따라서 다양한 문화적 내용을 다룰 수 있으며 각 개별적 활동보다는 종합적으로 연계한 문제해결 방법을 도입한다.

앞의 내용에서 볼 수 있듯이 유아들의 놀이는 각각의 놀이를 즐길 수 있는 수준(계획A)에서부터 보다 연계되고 종합적인 사고를 동원하는 수준(계획B)으로 이어질 수 있다. 다양한 놀이장면들이 '계획B'와 같은 형태로 발전될수록 좀 더 상황적인 맥락에서 통찰하고 판단할 수 있는 기회와 경험이 요구되며, 이와 같은 교수 · 학습의 전개와 방향성을 통하여 유아의 삶과 문화가 교육현장에서 더욱 밀접하게 만나고 연계될 수 있을 것이다.

4. 현장적용의 사례

유아의 생활 주변에서 만나는 다양한 현상이나 사물로부터 교육적 소재를 찾는 시야가 필요하며 이를 다양하게 재구성 또는 통합적으로 운영할 수 있는 능력이 요구된다. 다문화적 소재를 활용할 수 있는 동화를 예로 들어보면 다음과 같다.

동화

〈앤 로카드(Ann Rocard) 지음, 김영신 옮김(2005). 『유치원에서 생긴 일』. 도서출판 거인〉

- 줄거리

유치원에서 아이들이 쉽게 겪을 수 있는 일 네 가지를 보여 주며 현명하게 대처하거나 해결할 수 있는 방법을 안내한다. 네 가지 이야기 중에서 '새로운 친구 사귀기'는 인도에서 온 '나니'라는 여자아이가 유치원에 새로 들어오면서 일어나는 일들을 그린다. 우리나라 말을 하지 못해 적응하지 못하고 힘들어하는 나니를 위해 선생님과 엄마는 깜짝파티를 준비한다. 파티에서 나니 엄마는 인도 춤 공연을 하고 나니도 함께 춤을 춘다. 공연이 끝나자 모든 아이들이 춤을 배우고 싶어 했다. 준비해 온 케이크를 나누어 먹으며 나니와 친해진 유치원 아동들은 더 이상 나니를 싫어하지 않게 되었다.

- 다문화적 관점 및 요소: 협력, 반편견, 평등성, 다양성

〈패트리샤 폴라코(Patrica Polacco) 지음, 이지유 옮김(2003). 『할머니의 조각보』. 미래아이〉

• 줄거리

'할머니의 조각보'는 한 유태인 가족이 4대에 걸쳐서 가장 소중하게 간직해 온 조각보와 그에 얽힌 가족사를 담고 있는 이야기이다. 이 가족은 고향인 러시아를 잊지 않으려고 입던 셔츠와 잠옷, 앞치마 등으로 알록달록한 조각보를 만드는데, 이 조각보가 대대로 전해지면서 많은 이야기를 지니게 된다. 조각보는 새로운 가족들이 대를 이어가면서 자신들의 삶을 묻힌 채 식탁보로, 결혼식 천막으로, 아기의 이불로 그리고 아이들의 천막 놀잇감으로 오랫동안 살아남아서 가족을 단단하게 이어준다.

• 다문화적 관점 및 요소: 문화, 민족과 인종, 다양성, 정체감, 협력

'우리집 감자요리'의 경우 ① 다양한 나라의 감자요리 방법과 요리 이름 등을 통한 유사점과 차이점, ② 세계 여러 나라의 감자요리 모양 비교하기, ③ 성 역할에 대한 고정관념의 변화(다양한 가족의 요리), ④ 다양한 직업에 대한 이야기(의사, 건축설계사, 컴퓨터 기술자 등), ⑤ 다양한 감자요리와 담는 그릇과의 관계, ⑥ 세계 여러 나라의 감자요리를 먹는 시기와 먹는 모습 살피기, ⑦ 외모와 인종에 관심 가지기와 같은 활동을 전개할 수 있다.

05_

유아 다문화교육의 평가

현대사회가 열린 사회, 다문화 사회, 정보화 사회로 전환됨에 따라 우리에게는 다른 사람을 이해하고 다양성을 인정하며 공동의 목적을 향해 서로 협동하는 태도와 스스로 삶을 주도해 나가는 능력이 강조되고 있다. 따라서 미래사회에서는 단편적 · 사실적 지식의 암기나 이해 능력보다는 정보를 탐색, 수집, 분석, 비판, 종합, 창출하는 능력과 자기주도적 학습 능력, 효율적인 의사소통 능력, 협동 능력 등이 보다 요구된다.

이러한 흐름은 종래의 절대적 지능 및 지식관으로부터 실천적 지능 및 지식관으로의 변화를 초래한 것이며, 교육관도 학습자가 실제 생활과 직접 관련된 지식 및 경험의 구성과정에 능동적으로 참여하는 방향으로 변모한 것이다(이영석, 2002). 과제 역시 이와 같은 능력을 배양할 수 있는 주도성을 요구하는 과제, 창의력과 문제해결력을 요구하는 과제 그리고 개인의 능력과 함께 공동의 노력이 융합되는 삶의 질과 관련된 과제 등이 더욱 중요시되고 있다.

기존의 인지적 측면이나 한두 가지 영역에 중점을 둔 평가방법은 미래사회에서 필요로 하는 다양한 영역을 평가하는 데 한계가 있다. 그러므로 평가방법은 각 개인이 타고난 잠재력을 최대한 신장시킬 수 있고 발달적으로 적합한 교육

경험을 제공할 뿐만 아니라 문제와 상황을 종합적으로 통찰하고 해결할 수 있는 방향으로 전환되어야 한다. 이와 같은 바람직한 평가는 발달적 요소뿐만 아니라 사회문화적 요소가 포함된 유아교육의 총체적 과정 속에서 논의되고 검토되어야 하며, 유아교육이 이루어지는 상황과 맥락 속에서 인식되고 다루어져야 한다. 그러므로 다양한 평가방법을 통한 심층적인 평가가 이루어져야 하고 부모나 가족 요소를 포함시키는 포괄적인 평가가 이루어져야 한다(김영옥, 2001; 이영석, 2002).

최근에는 이러한 흐름을 반영하고 기존의 평가 방식의 문제점을 보완하기 위하여 여러 가지 대안들도 제시되고 있다. 그러한 대안 중 하나가 '참평가'와 '다면평가'이다. 참평가 또는 진정한 평가(Authentic Assessment)란 단순한 지식보다는 고급사고력이나 문제해결력을 실제의 사회적 맥락 속에서 형성하고 있는지를 평가하기 위하여 일상적인 교실 생활 혹은 교수 · 학습과정에 통합하는 방법이다(김경철, 1999; 안경숙, 김소향, 2001; 이간용, 2003; Seefeldt, 2005). 학습은 미리 정해진 수량적이고 객관적인 기준에 의해서 평가되는 것이 아니라 질적인 의미에 중점을 두고 구체적인 맥락을 중심으로 평가되어야 한다. 참평가는 유아가 중심이 되어야 하며 평가 장면은 교육과정과 평가 간의 구조화된 형식보다는 프로그램에 통합된 의미 있고 실제적인 활동 중에 나타나는 지식, 기술, 태도에 중점을 둔다. 그리고 이때의 유아 활동 평가는 학습의 결과나 표준화 검사보다는 관찰이나 면접, 유아의 기록물이나 작품 등 다양한 자료를 토대로 종합적으로 이루어져야 한다.

다면평가란 다각적인 측면에서 이루어지는 피드백이나 평가로서 한 평가 대상에 대하여 다양한 수준과 측면에서 여러 평가자가 참여하여 그 결과를 통합하는 방법이다. 다면평가는 유아를 평가하는 데 있어 자기평가, 동료평가, 교사평가 그리고 이들의 결합으로 이루어진 다양한 정보원으로부터 이루어지는 평가로서 비교적 객관성과 타당성이 높으며, 그 결과는 유아의 발달에 유용한 자료로 활용될 수 있다(서원석, 2003; 이상희, 2001). 즉, 유아가 평가의 주체가 되어 또래, 교사, 부모 등으로부터 피드백 자료를 수집할 수 있으며 조직 내 다양한 구성원 간의 의사소통 기회를 증대시키고 평가대상자의 발전과 자기반성의 기회를 제공할 수 있다. 유아가 조형활동을 하면서 자기 작품을 평가해 보고 또래의 작품을 통해서 다른 유아에 대해 느낀 점, 잘한다고 생각하는 점 등을 서로 이야기할 수 있으며, 교사는 이를 통합하여 새로운 평가의 방향을 제시할 수 있다. 그러므로 다면적 평가는 개인의 작품이나 작업을 다각적인 관점에서 평가하여 정확성과 객관성을 확보하고 풍부한 피드백을 통하여 유아의 성장발달과 향상에 기여할 수 있다는 점에서 그 중요성이 부각되고 있다.

이와 같은 논의들을 근거로 미래사회에 있어 평가의 바람직한 방향은 다음과 같이 제시될 수 있다.

① 학습이나 경험의 정해진 목표보다는 상황적 맥락에서 유아의 의미 있는 경험에 초점을 둔다.
② 또래, 교사, 부모, 기타 관련 인사들이 다양한 측면에서 상호교류의 문화를 형성한다.
③ 유아의 다양한 측면에 대한 종합적인 평가, 즉 전인으로서 평가한다.
④ 다양한 과제와 표현방법, 개별 활동 및 대소집단 활동 과정에서 유아의 생활을 밀도 있게 고찰하고 탐색한다.
⑤ 유아의 자아개념, 호기심이나 가능성의 발견 또는 잠재적 사고 등을 통하여 가치와 태도 및 기술을 개발하는 자료로 활용한다.
⑥ 의미 있는 교수 · 학습 상호작용을 개선시키며 발달수준이나 개념의 파악뿐만 아니라 분위기와 대화의 틀을 형성하는 자료가 된다.
⑦ 유아와 유아, 유아와 교사 및 부모 상호 간에 신뢰를 바탕으로 교육적 피드백 및 활용도가 높은 자원의 역할을 한다.

교사가 유아의 수준이나 생각을 파악할 수 있는 '포트폴리오'나 '개인작품 모음집' 등은 한 개인의 성취 정도를 알아보기에 편리한 점은 있으나 보다 다양성에 접근할 수 있는 평가방법으로 확장되어야 한다. 이와 같은 활동을 통해 자기평가, 동료평가, 교사평가가 종합적으로 이루어질 수 있다. 또한 활동의 과정이나 결과물이 환경구성의 자원으로 활용되고, 유아의 활동을 첨가하고 지속할 수 있는 기회와 동기를 부여할 수 있으며, 흥미와 관심이 지속됨에 따라 개념의 형성과 사고기술을 증진시킴으로써 활동과 통합된 평가로서의 역할을 하게 된다. 평가를 기초로 자연스럽게 한 차원 높은 활동으로 연계될 수 있을 뿐만 아니라 질적 협동도 일어나게 된다. 그러므로 현장에서 참평가 방법으로 제시된 여러 평가 방법들의 장점을 살리면서도 이와 같은 종합적인 평가를 적절히 활용할 수 있어야 한다. 또한 이에 대한 실천적 지식을 근거로 통합적이고 활용도가 높은 평가방법에 대한 연구가 뒤따라야 한다.

06_

유아 다문화교육의 과제

최근 우리나라가 다문화 가족이 늘어나면서 이들의 언어장벽, 문화장벽 등을 포함한 가족 문제와 부모의 자녀 교육 문제가 크게 부각되었지만 학교교육보다는 시 · 도교육청, 민간 또는 각종 사회단체에 의해 추진되는 정책이 주로 부각되고 있는 실정이다. 이로 인해 다문화교육을 다문화 가족을 지원하거나 그러한 교육에만 국한하여 생각하기 쉽다.

그러나 이러한 문제는 정책과 병행되어 공교육을 통하여 다루어지고 연구되어야 한다. 따라서 학교교육과 관련된 교육과정의 문제를 탐색 · 연구해야 한다. 특히, 유아기에 다문화에 대해 이질감을 앞세워 편견을 갖지 않도록 하고 교육과정의 목표와 내용에서부터 방법 및 평가에 이르기까지 그 체계와 지침 및 프로그램 개발이 필요하다.

다문화 사회에서 교육의 문제가 다문화의 수용인가, 다른 민족에 대한 이해인가, 다문화가 외래문화만이 아닌 다양한 문화양식에 대한 의사소통인가 등과 관련된 논의와 탐색의 필요성이 제기되었고, 아직 많은 연구과제가 남아 있다. 그러나 다문화 사회에서의 핵심적인 과제는 동질성, 즉 보편성과 다양성 사이의 관계를 파악하는 일이며, 그 다양성의 인식과 개별 문화와의 독특성을 이해하는 일이다. 그러므로 다문화교육은 문화적 다양성을 가치 있는 자원으로 지원하고 확장하려는 교육이며 다양한 사람과 상호작용하는 방법을 가르치는 교육이라 할 것이다.

문화에 대한 가치, 태도 및 행동은 상호 복합적이다. 어떻게 이들을 교육과정에 적합한 형태로 포함할 것인가? 우리가 가지고 있는 이중 가치(Double Standards)의 문제 그리고 대체로 합의하고 있는 것 같으면서도 세부적으로는 합의되지 않은 규범들에 대하여도 논의가 필요하다. 편견의 개념은 많은 부분이 깊게 뿌리 내린 삶의 양식에서 연유한 실재적 가치와 관련되어 있으며 행동으로 표출되기까지의 그 과정에는 인간의 가치나 신념의 질, 태도와 같은 여러 요인들이 주요변인 또는 매개변인으로서 상호 혼합되어 영향을 미치고 있기 때문이다.

다문화교육에서 편견을 지양하고자 함이 결코 '우월함' 이나 '극단적인 유별함' 을 인정하거나 추구하려는 것은 아니다. 오히려 '차별' 을 승화시켜 '차이' 를 인정하는 일이기도 하다. 단순한 '차이' 를 '차별' 로 확대하기보다는 '차별' 을 한 차원 끌어올려 '차이' 의 다양성을 인정하는 인식의 발전과 철학이 필요하다. 또한 세계이해, 다문화교육이 여러 나라나 인종의 문제로 국한되어 세계의 문화를 알아보고 언어, 종교, 역사 등의 차이나 공통점을 이해하는 활동을 넘어서 '다양한 사람과 협력하고 상호작용할 수 있는' 매체로 활용될 때 다문화 사회의 바람직한 교육이 정착될 수 있을 것이다. 무엇보다도 예비교사교육 및 현직교사교육을 통하여 이질적 문화들의 무의식적이고 불가피한 공존에 따른 사회의 질적 변화를 이해하며 이를 교육의 장면으로 끌어들이는 인식과 태도가 필요하다.

앞서 언급한 바, 삶의 조건이나 질서 방식에 따라서 각기 다른 문화가 형성되고 그것을 함께 소유하는 사람들의 세계에서 우리는 보이게 또는 보이지 않게 서로 교류하고 융합하는 과정에 점점 노출되고 있다. 문화적 가치를 교육의 장면에서 생각하고 교육의 장면에서 일어나는 다양한 문화들을 진지하게 바라보고 생각하는 노력이 필요하다.

다문화교육은 교육과정 전 영역에 걸쳐 확장될 수 있으므로 그 내용 선정이나 교수 · 학습방법 및 적용 가능성을 제한해서는 안 될 것이다. 문화적 차이와 동질성 및 다양성과 관련된 인식과 이해, 필요한 지식과 기술의 습득을 포함하여 보다 통합적이면서도 현장의 번거로움을 덜고 손쉽게 운영될 수 있도록 효율적인 교육과정 운영에 대한 연구도 필요하며 현장에서 일어나는 생활 장면에 대한 질적이고도 종합적인 피드백 또한 이루어져야 할 것이다. 즉, 물 · 모래 놀이 영역에서도 문제해결이, 신체활동을 통해서도 의사결정이, 과학영역에서도 감정이입이 다양하게 일어날 수 있으며 이에 대한 관찰과 피드백이 가능하기 때문이다.

교육과정의 궁극적 물음이 '무엇을' '어떻게' 가르치며 이를 어떻게 적용하고 있는가? 라는 것임을 생각할 때 그 '무엇' 에 대한 합의가 필요하다. 우리의 편견에 대한 민감성을 기르고, 다양성에 대응하며 이를 수용할 뿐만 아니라 다양한 자원으로부터 그 가능성을 추출하고, 실천적 지식으로 연계하는 현장연구가 이루어져야 하며, 이를 평가할 수 있는 방법들이 고려되어야 한다.

Part 2 실제편

유아를 위한 다문화교육

01 언어활동의 다문화적 접근　02 국악과 전통놀이의 다문화적 접근
03 표현활동의 다문화적 접근　04 요리활동의 다문화적 접근

01_

언어활동의 다문화적 접근

1. 언어활동

언어는 말하기 또는 글쓰기의 형태로 나타나는 관습적 기호의 체계로서 유아기의 의사소통 방법 중에서 자신의 감정이나 심상을 표상하는 가장 상위의 수단이다. 언어능력은 어느 정도는 타고나지만 환경의 영향을 받아 보다 확대되므로 (McNeill, 1970), 스스로 표현해 볼 수 있는 기회를 많이 제공받으면 유아의 언어능력은 점차 발달할 수 있게 된다. 언어 능력 발달은 유아의 정보획득, 사회적 상호작용, 갈등 및 문제해결, 학교교육의 성취 및 사회정서적 발달과 밀접한 관련을 갖고 있다. 따라서 유아가 언어를 사용하여 자신의 감정이나 생각을 표현하거나 다양한 사회적 문제를 경험하고 해결해 볼 수 있도록 풍부한 기회를 제공해야 한다.

2. 언어활동의 다문화적 접근과 표현

다문화교육과 관련 있는 언어활동은 대체로 3단계(언어활동-표현활동-언어활동)로 이루어진다. 첫 번째 단계인 언어활동에서 교사는 다문화적 관점을 포함하는 다양한 교수 자료를 제공하여 유아가 이야기 나누기에 활발하게 참여하도록 격려한다. 예를 들어, '상황의 다양성' 에 관한 이야기 나누기에서 교사는 관련 그림책을 읽어 주고 난 후 "너희들은 저녁을 먹은 후에 무엇을 하니?" 라고 질문한다. 유아는 자신의 경험을 이야기하면서 모든 사람들이 같은 행동을 하지 않음을 인식한다. 두 번째 단계인 표현활동에서 교사는 유아가 자신의 경험을 그림이나 꾸미기 등으로 표현하도록 돕는다. 관련 활동에 참여함으로써 유아는 옆자리의 친구와 나는 서로 다른 생각을 하고 행동을 하지만 모두 가족과 함께하는 일에 즐거움을 느끼고 있음을 알게 된다. 세 번째 단계인 언어활동에서 교사는 먼저 유아들의 그림을 벽면에 게시하여 유아들이 작품을 보고 다양한 저녁 문화를 경험하도록 한다. 유아는 자신의 저녁 문화를 소개하면서 다른 사람의 저녁 문화에 대한 이야기도 경청한다. 이러한 활동을 통해서 유아는 자신과 다른 문화에 대하여 친숙함을 느끼고 수용하게 된다.

3. 교육환경 구성

언어활동의 다문화적 접근을 지원하기 위한 환경구성은 주로 언어영역, 역할영역, 조형영역에서 이루어진다. 언어영역에는 다양한 성역할에 대한 도서류, 다양한 속담, 인종 관습 · 생활 장면이 담긴 다양한 이야기 테이프(특히, 다른 문화의 사람들이 만나서 교류하는 내용 등), 문자 언어, 여러 나라의 그림책 등을 제공하는 것이 좋다. 역할영역에는 여러 나라/지방의 옷, 신발, 모자, 민속적인 물건, 그림 소품들, 여러 나라/지방의 집을 꾸며볼 수 있는 자료들을 제시함으로써 유아의 활동을 자극한다. 조형영역에는 다양한 색깔, 예술가의 작품, 만들거나 꾸밀 수 있는 자료 등을 제시한다. 구체적인 환경 자원은 다음과 같다.

영 역	자 료
언어	• 다양한 인종의 피부색, 머리모양, 전통의상 • 여러 나라의 건축물, 음식, 민속품, 의상, 일상생활에 관한 그림책 • 여러 나라의 문화 특징이 드러나는 그림퍼즐 • 세계 여러 나라의 그림엽서, 잡지, 신문, 화폐 등 • 하나의 주제에 대한 다양성을 알 수 있는 자료
역할	• 여러 나라의 문화와 특징이 반영된 인형 • 여러 나라의 역할을 할 수 있는 의상, 민속품, 모자, 신발 등
조형	• 다양한 피부색, 머리카락 등을 표현해 볼 수 있는 자료 • 여러 나라의 문화적 특징을 볼 수 있는 예술작품 • 동일 주제를 다양하게 표현해 볼 수 있는 자료

4. 교수 · 학습 활동의 실제

- **활동 1** 행복한 결혼식이에요
- **활동 2** 여러 가지 머리카락색과 머리모양이 있어요
- **활동 3** 우리 가족이 저녁 먹고 하는 일
- **활동 4** 미용실 간판은 재미있어요
- **활동 5** 세계 여러 나라로 여행을 떠나요
- **활동 6** 우리는 여러 종류의 집에서 살고 있어요

활동 1

행복한 결혼식이에요

- **생활주제** 나와 가족
- **지도요소** 문화/다양성
- **선정이유** 가족의 구성은 결혼으로 시작되며 각 나라마다 서로 다른 결혼 풍습을 가지고 있다. 이렇게 다양한 결혼 풍습에도 결혼식은 모든 사람들에게 행복한 모습임을 소개하고자 한다.
- **활동목표**
  - 여러 나라의 결혼식 풍습의 특징을 안다.
  - 결혼식은 사람들에게 행복한 축제임을 안다.
- **활동자료** 여러 나라의 결혼식 사진, 결혼 의상 등
- **관련활동**

결혼식

이야기 나누기

- 세계 여러 나라 사람들은 모두 결혼을 해요.
- 결혼을 하기 전에 준비하는 것이 있어요.
- 결혼식에는 필요한 물건들이 다양해요.
- 모든 나라 사람들은 결혼식을 마치면 함께 모여 음식을 나누어 먹어요.
- 결혼식 풍습은 달라도 모두 행복해요.
- 할아버지와 할머니, 엄마와 아빠의 결혼식 모습이 달라요.

언어활동

- 벤다이어그램: 전통 결혼식과 현대 결혼식의 공통점과 차이점
- 단어벽: 결혼
- 책 만들기: 만약 찍찍이와 바람이 결혼했다면(동화 개작하기)
- 그림책: 쥐의 결혼

극화활동

- 역할놀이: 전통 결혼식과 현대 결혼식 하기
- 동극: 쥐의 결혼(전통과 현대 결혼식)

조형활동

- 포스터 만들기
  - 여러 가지 결혼식 장면으로 꾸미기
- 청첩장 꾸미기
  - 여러 나라 사람들의 모습으로 꾸민 청첩장

환경구성: 여러 나라의 결혼식 사진 게시(출처: www.daum.net)

그림1_ 한국의 전통 결혼식

그림2_ 일본의 전통 결혼식

그림3_ 스카이다이빙 결혼식

그림4_ 수중 결혼식

활동방법

① 내가 가 본 결혼식에 대하여 이야기 나눈다.

- 결혼식을 본 적이 있니? 누구의 결혼식에 가 보았니?
- (가족 결혼식 사진을 보며) 우리 가족의 결혼식 사진을 본 적이 있니?
- 할아버지, 할머니의 결혼식과 엄마, 아빠의 결혼식은 어떻게 다르니?

② 여러 나라의 결혼식에 대하여 이야기 나눈다(한국, 중국, 아프리카, 미국 등).

- 다른 나라의 결혼식을 본 적이 있니?

- (각 나라의 결혼식 사진을 보여 주며) 나라마다 결혼식 때 입는 옷이나 필요한 물건들에는 어떤 것들이 있었니?
  -결혼 예복, 부케, 족두리, 턱시도, 웨딩드레스 등
- (그림 3, 4를 보며) 이런 결혼식을 본 적이 있니? 어디에서 하는 결혼식 같으니?
  -하늘에서 하는 결혼식이에요. 바다 속에서 하는 결혼식이에요.

③ 결혼식을 축하해 주는 방법에 대하여 이야기 나눈다.

- 주변 사람들은 결혼식을 어떻게 축하해 줄까?
  -쌀을 던진다, 동전을 던진다, 밤을 던진다, 소금과 빵을 준다 등.
- 결혼식이 끝나면 축하해 준 사람들은 무엇을 할까?
- (여러 나라의 행복한 신랑, 신부 사진) 나라마다 결혼하는 모습은 달라도 모두 어떤 표정을 짓고 있니?
  -행복한 표정을 해요.

확장활동: **'쥐의 결혼' 동화와 관련된 활동**

- 동화 개작하기: 찍찍이가 바람과 결혼하여 여러 나라를 돌아다니며 결혼식 장면과 풍습을 보는데 모두 즐겁고 행복해한다는 내용

찍찍이 쥐가 만약 바람과 결혼했다면……

- 부케 만들기: 다양한 재료를 가지고 부케 만들기, 청첩장 꾸미기(조형)
- 분장하기: 신랑, 신부로 분장하기(역할)
- 동극하기: '쥐의 결혼' 동극하기(극놀이)

현대식으로 하는 쥐의 결혼

전통혼례로 하는 쥐의 결혼

활동 2 여러 가지 머리카락색과 머리모양이 있어요

- **생활주제** 유치원과 친구
- **지도요소** 문화/다양성
- **선정이유** 자신과 다른 사람의 여러 가지 머리카락색과 머리모양을 통해 다양성을 알고 자신의 신체에 대한 자긍심을 갖도록 한다.
- **활동목표**
  - 사람들은 여러 가지 머리카락색과 머리모양을 가지고 있음을 안다.
  - 여러 가지 머리카락색과 피부색을 가진 인형을 꾸민다.
- **활동자료** 여러 가지 머리모양 사진, 일회용 숟가락, 여러 가지 털실, 색종이, 잡지, 접착제, 모형 눈알 등
- **환경구성** 다양한 사람들의 머리카락색과 머리모양 사진 게시, 미용실 카탈로그

백인의 긴 곱슬머리

흑인의 레게 머리

• 출처: www.daum.net; www.naver.com

- **활동방법**

① 자신의 머리모양을 소개하고 이야기 나눈다.

② 여러 가지 머리카락색에 대하여 이야기해 본다.

• 이런 색의 머리를 본 적이 있니?

- 또 다른 머리카락색에는 어떤 것이 있니?
- 내 머리카락 색과는 어떻게 다르니?

③ 여러 가지 머리모양에 대하여 이야기 나눈다.

- 이 머리는 어떤 모양이니?
- 내 머리모양과 어떤 점이 같으니?
- (흑인의 땋은 머리 사진을 보며) 이 머리는 누가 해 주었을까?
- (머리를 묶은 유아를 가리키며) 너의 머리는 누가 해 주었니?

–머리카락색이나 머리모양은 달라도 모두 엄마가 머리를 예쁘게 해 주었다.

④ 자기가 해 보고 싶은 머리카락의 색과 모양에 대하여 이야기 나눈다.

- 어떤 머리카락의 색을 가졌으면 좋겠니?
- 어떤 머리모양을 해 보면 좋겠니?

⑤ 숟가락 인형을 꾸민다.

- 여러 가지 털실과 색종이로 다양한 머리카락의 색과 모양을 생각하여 꾸며 본다.
- 머리모양을 다양하게 꾸며 본다(리본, 머리끈, 모자 등을 첨가할 수 있음).
- 얼굴색이나 눈의 색깔 등을 다양하게 선택하여 얼굴을 꾸민다.

⑥ 꾸며진 숟가락 인형에 잡지, 색종이 등으로 옷을 접어 숟가락 손잡이 부분에 끼워 완성한다.

사후활동

- 숟가락 인형으로 역할놀이하기(조형/역할)
- 종이접기로 여러 가지 옷과 머리모양을 만들어 가족 액자 꾸미기(조형)

숟가락 인형 만들기

숟가락 인형으로 역할놀이 하기

- 출처: 김영옥(2002). 유아를 위한 다문화 교육. 서울: 정민사, p. 251.

활동 3

우리 가족이 저녁 먹고 하는 일

- 생활주제　나와 가족
- 지도요소　평등성/다양성
- 선정이유　서로 다른 가족들이 같은 시간대에 하는 일들을 살펴봄으로써 가족 구성원들이 하는 일들의 다양성과 동질성을 알아보고 하나의 공간으로 시각화한다.
- 활동목표
  - 서로 다른 가족들이 같은 시간에 하는 일에 대하여 관심을 가진다.
  - 서로 다른 가족구성원들이 저녁을 먹고 하는 일의 같은 점과 다른 점에 관심을 가진다.
  - 가족이 저녁에 하는 일을 그림으로 표현한다.
- 활동자료　전지, A4용지 1/2, 크레파스나 색연필, 접착제 등
- 활동방법

① 가족 구성원에 대하여 이야기 나눈다.

• 우리 가족은 누구누구인가?

② 가족이 함께 모여 저녁식사하는 모습에 대하여 이야기 나눈다.

• 가족 중 누구와 함께 저녁을 먹니?

–할아버지, 엄마, 아빠, 나, 동생이 식탁에 앉아 먹어요.

–아빠가 늦게 오시니까 엄마랑 나랑 먹어요 등.

③ 가족 구성원이 저녁을 먹고 난 후 어떤 일들을 하는지 이야기 나눈다.

• 우리 가족은 저녁을 먹고 나서 어떤 일들을 할까?

–텔레비전을 보아요.

–이를 닦아요.

–아빠랑 놀아요 등.

④ 가족이 저녁을 먹고 난 후 하는 일을 그림으로 그려 본다.

• A4용지 1/2 크기나 도화지를 주고 그림을 그린다.

⑤ 유아의 그림을 붙일 수 있도록 전지에 아파트나 동네의 모습을 미리 배경으로 꾸며둔다.

⑥ 그림을 그린 후 자신의 그림을 미리 준비한 전지에 붙인다(전지는 아파트 모양으로 만들어 유아의 그림을 한눈에 볼 수 있도록 한다).

⑦ 전지에 붙여진 그림들을 보고 같은 시간에 우리 가족이 저녁을 먹고 하는 일과 다른 가족이 저녁을 먹고 하는 일을 비교한다.

같은 시간/ '우리 가족이 저녁 먹고 하는 일'

사후활동

• 같은 장소에서 서로 다른 일을 하는 모습(이야기 나누기, 조형)

–놀이터에서 노는 모습

–대형마트에서 각자 하는 일

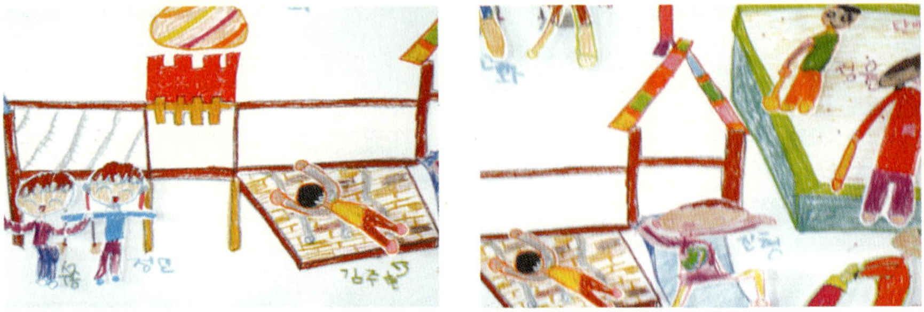

같은 장소/ '유치원 놀이터에서 놀고 있어요'

• 같은 상황에서 서로 다른 일을 하는 모습(이야기 나누기, 조형)

–엄마 생일을 축하해 주는 모습

• 지역은 다르지만 비슷하게 하는 일(이야기 나누기, 조형)

–월드컵 응원하는 모습

활동 4

미용실 간판은 재미있어요

- 생활주제　우리 동네
- 지도요소　평등성/다양성
- 선정이유　주변에서 쉽게 찾아볼 수 있는 미용실은 하는 일은 모두 같으나 미용실의 간판, 상호, 시설 등이 매우 다양하다. 이렇듯 같은 일을 하지만 나타내는 방법이 다양함을 안다.
- 활동목표
  - 미용실에서 하는 일에 관심을 가진다.
  - 미용실 간판의 모양은 달라도 하는 일이 같음을 안다.
- 활동자료　디지털 카메라, 세계 여러 나라 미용실이나 이발소 사진, 우리 동네 미용실 사진
- 환경구성　여러 가지 간판 사진 게시

• 출처: http://kin.naver.com

활동방법

① 미용실에 가 본 경험에 대하여 이야기 나눈다.

- 미용실에 가 본 적이 있니?
- 미용실은 왜 갔니?

② 미용실에서 하는 일에 대하여 이야기 나눈다.

- 우리 가족이 항상 가는 미용실의 이름은 무엇이니?

• 왜 항상 그곳에서 머리를 자르니?
• 일하는 분들은 주로 어떤 일들을 할까?
–머리 자르기, 파마하기, 머리 감기기, 염색하기 등
• 미용실에서 누구를 만났니?
• 머리를 자르는 동안 미용실에 있는 사람들은 어떤 일들을 할까?
–잡지를 봐요, 텔레비전을 봐요, 차를 마셔요. 이야기를 해요, 이상한 것을 쓰고 있어요 등.

③ 우리 동네 미용실의 간판에 대하여 이야기 나눈다.
• (우리 동네 미용실 사진을 보며) 동네에 있는 미용실의 이름은 무엇이니?
• 미용실의 이름을 어떻게 알 수 있니?
–간판을 보고요.
• 미용실 간판에는 어떤 모양들이 있을까?
–옆으로 된 것, 길게 세워진 것, 불이 들어오는 것, 벽에 붙은 것, 길거리에 세워진 것
• 간판에 있는 글씨는 어떤 모양(색깔)이니?

④ 미용실 간판의 다양한 모양에 대하여 이야기 나눈다.
• 사람들은 왜 이렇게 모양도 다르고 글씨도 다른 간판을 달까?
–미용실을 눈에 띄게 해서 사람들이 많이 오도록 하기 위해서요.
• 미용실 간판이 서로 다른 여러 가지 모양이면서도 같은 점은 무엇이니?
–미용실 표시요.
• 미용실 표시는 왜 이렇게 만들었을까?
–어떤 사람들이 봐도 미용실이라고 알 수 있게 해 줘요.

⑤ 다른 나라에도 미용실 간판이 있음에 대하여 이야기 나눈다.
• (여러 나라의 미용실 사진을 보여 주며) 다른 나라나 다른 곳에도 미용실 간판이 있을까?

• 미용실 간판은 어떻게 생겼을까?

• 간판의 모양과 이름이 우리나라와 다르지만 미용실에서는 어떤 일을 할까?

–머리를 자르거나 파마를 하거나 염색을 해요.

사전 · 사후활동

• '우리 동네 돌아보기'에서 미용실을 찾아 카메라로 찍어 오기(현장학습)

• 미용실 놀이(역할)

• 미용실 간판 만들기(조형)

활동장면

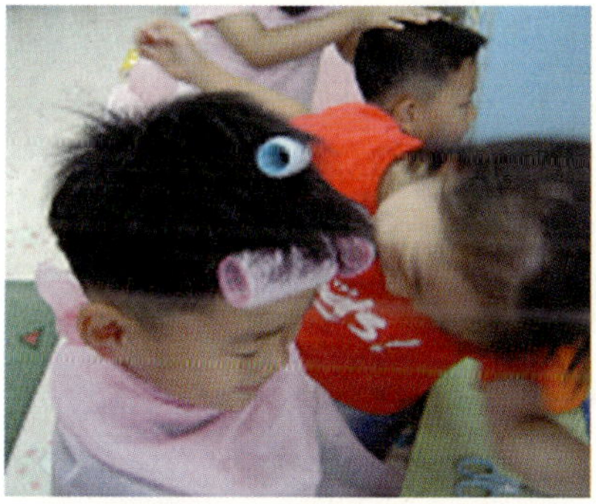

미용실 놀이

유아작품: 미용실 간판

활동 5

세계 여러 나라로 여행을 떠나요

- **생활주제** 세계 여러 나라
- **지도요소** 평등성/다양성
- **선정이유** 동화 '바다로 간 편지' 를 듣고 동화 속의 주인공이 되어 자연스럽게 세계의 친구들에게 관심을 가지는 기회를 가질 수 있다. 세계에는 많은 나라와 여러 인종이 있으며, 각 나라에는 나와 비슷한 나이의 어린이가 있음을 알고 다문화적 관점으로 접근할 수 있다.
- **활동목표**
  - 동화를 듣고 세계 여러 나라의 의상에 관심을 가진다.
  - 나라마다 다른 옷을 입는 이유를 안다.
  - 각 나라에는 나와 비슷한 친구들이 있음을 안다.
- **활동자료** 그림동화 '바다로 간 편지', 다양한 전통의상을 입은 인형

여러 나라 사람들

활동방법

사전활동: 동화 '바다로 간 편지' 듣기

① 동화 속의 등장인물들이 입은 옷에 대하여 이야기 나눈다.

- 꿈이는 어떤 옷을 입었니? 또 어디에서 살고 있니?(한국)

• 재피는 어떤 옷을 입었니? 또 어디에서 살고 있니?(아프리카)
• 마호메트는 어떤 옷을 입었니? 또 어디에서 살고 있니?(인도)
• 페페는 어떤 옷을 입었니? 또 어디에서 살고 있니?(멕시코 인디언)
• 나브삭은 어떤 옷을 입었니? 또 어디에서 살고 있니?(에스키모)

② 그림동화에 나온 전통의상의 특징에 대하여 이야기 나눈다.
• 꿈이는 왜 이런 옷을 입고 있을까?
• 나브삭은 왜 이런 옷을 입고 있을까?
• 페페는 왜 이런 옷을 입고 있을까?

③ 다른 나라의 전통의상을 입어 본 적이나 본 경험에 대하여 이야기 나눈다.
• 이런 옷을 본 적이 있니?
• 언제 입어 보았니?
• 입었을 때 느낌은 어떠했니?

④ 전통의상 그림자료를 보면서 유사점과 차이점을 비교해 본다.
• 어떤 점이 다르고 어떤 점이 같니?

⑤ 나라마다 다른 옷을 입게 된 이유에 대하여 알아본다.
• 추운 곳에 사는 사람들은 따뜻한 털옷을 입는다.
• 더운 곳에서는 얇은 옷을 입거나 벗은 채로 생활하기도 한다.

사전 · 사후활동

• 여러 나라의 전통의상 꾸미기, 책 만들기(조형/언어)
• 세계의 친구들과 손에 손을 잡아요(조형/접기)
• 다른 나라 친구들에게 편지쓰기(언어)
• 유리병(타임캡슐) 꾸미고 편지 보내기(조형)
• 가면무도회, 인디언 놀이, 카우보이 놀이(역할)
• 세계의 친구 패턴 놀이(조작)

교수 · 학습자료 도우미

바다로 간 편지

1. 꿈이네 가족은 아무도 살지 않는 조그만 외딴 섬에서 살았어요. 꿈이 아빠가 그 섬의 등대지기였기 때문이지요. 꿈이는 늘 외로웠어요. "친구가 한 명이라도 있으면 얼마나 좋을까?" 꿈이는 종이와 연필을 준비하여 편지를 썼어요. "나와 친구할 사람 누구 없니?" 그 옆에는 자기 모습도 그렸어요.

꿈이는 그림이 그려진 편지를 돌돌 말았어요. 그리고 어디에 넣었을까요? 봉투? 꿈이의 호주머니? 아니랍니다. 꿈이는 그 편지를 조그맣고 예쁜 빈 병에 넣었어요. 그리고 정성스레 마개를 꼭꼭 막아 바다에 둥둥 띄웠지요.

2. 편지가 든 그 병은 헤엄치고 헤엄쳐서 멀리 멀리 흘러갔어요. 꿈이의 병은 아프리카의 한 섬에 도착했어요. 해변가에서 놀고 있던 아프리카 아이 재피가 병 속에 있는 편지를 보고는 "편지다. 편지!" 하며 기뻐했어요. 재피는 글씨를 몰랐지만 꿈이의 그림이 맘에 들었어요.

재피는 꿈이의 그림 옆에 자기의 모습을 그려 넣었어요. "내가 너의 친구가 되어 줄게. 난 둘째가 되는 거야." 그리고는 다시 정성스레 편지를 병에 넣고 마개를 꼭 막았어요.

3. 편지가 든 병은 아프리카 해변을 둥둥 헤엄쳐 멀리 갔어요. 헤엄치고 헤엄치고, 또 헤엄쳐 갔지요. 얼마 후 꿈이와 재피의 편지가 든 그 병은 인도의 한 섬에 도착했어요. 그때 모래 위에 있던 잿빛 코끼리가 그 병을 코로 집어 올렸어요. 코끼리 등에 타

고 있던 소년 마호메트는 "어, 이게 뭐지? 야, 멋지다. 예쁜 그림이 그려져 있네. 두 친구가 있구나! 그럼 난 셋째야!" 마호메트는 자기의 모습을 재피 옆에 그렸어요. 마호메트는 다시 매우 조심스럽게 병마개를 막고 나서 힘껏 바다에 던졌어요.

4. 편지가 든 그 병은 헤엄치고, 또 헤엄쳐 갔어요. 꿈이와 재피와 마호메트의 편지가 든 그 병은 멕시코까지 헤엄쳐 갔어요. 그 병은 해변 위로 또그르르 굴러 멕시코 인디언 소녀 페페에게 발견되었어요. "어머! 참 예쁜 편지다." 인디언 소녀 페페는 글을 읽고 쓸 줄은 몰랐지만 그림은 그릴 수 있었어요. "난 넷째 아이가 되는 거야." 페페는 자기의 모습을 마호메트 옆에 그렸어요. 그리고 페페는 다시 병마개를 막고 힘껏 바다로 던졌어요.

5. 편지가 든 그 병은 파도를 타고 둥실둥실 헤엄쳐 갔어요. 그런데 어느날 늙은 고래 한 마리가 '아.' 하고 하품을 하면서 꿈이와 재피와 마호메트와 페페의 편지가 든 그 병을 그만 꿀꺽 삼켜버리고 말았어요. 늙은 고래는 북극의 에스키모 인들에게 잡혔어요. 에스키모 인들이 어영차 어영차 힘을 모아 고래를 해변으로 끌어냈을 때 고래는 크게 재채기를 했어요. "에에에-에취!"

그러자 파란 유리병이 '퐁' 튀어나오는 것이었어요. "야, 저 병 좀 봐! 저 속에 편지가 들었잖아!" 에스키모 소년 나브삭이 소리쳤어요. 나브삭은 날아갈 듯이 기뻤어요. 나브삭도 인디언 소녀 옆에 자기의 모습을 그렸어요. "내가 다섯째가 되었네." 이제 편지에는 다섯 아이가 사이좋게 그려졌어요. 나브삭은 병마개를 다시 꼭꼭 막아서 힘껏 바다에 던져 넣고, 떠가는 그 병을 지켜보았어요.

6. 편지가 든 병은 헤엄치고, 헤엄치고, 또 헤엄쳐 갔어요. 그 병은 어디로 갔을까요? 꿈이와 재피와 마호메트와 페페와 나브샥의 편지가 든 그 병은 꿈이의 작은 섬으로 다시 돌아왔어요. "와, 내 편지가 돌아왔어. 야! 여기에 많은 친구들이 그려져 있구나. 이제 난 외롭지 않아. 세계 여러 나라의 친구들을 사귀었거든. 큰 친구, 작은 친구, 노란 친구, 검은 친구, 하얀 친구, 난 친구들이 많이 생겼어. 나는 커서 배를 타는 선원이 될 거야. 그래서 친구들을 만나 봐야지." 꿈이는 이제 행복한 어린이가 되었답니다.

활동 6

우리는 여러 종류의 집에서 살고 있어요

- 생활주제 **세계 여러 나라**
- 지도요소 **문화/다양성**
- 선정이유 우리가 살고 있는 지역의 다양한 집에 관심을 가지고, 그 지역의 기후나 재료의 특성에 따라 집이 다양하게 만들어졌음을 안다.
- 활동목표
  - 다양한 집에 대해 관심을 가진다.
  - 집의 역할에 대해 안다.
- 활동자료 여러 가지 집에 관한 사진(초가집, 이글루, 아파트, 천막집 등)
- 환경구성 여러 종류의 집 사진 게시

아파트

이글루

초가집

천막집

활동방법

① 자신이 살고 있는 집을 소개한다(주택 형태, 색깔, 구조 등).

–아파트, 마당이 있는 1층집, 2층집, 뾰족 지붕 집 등.

② 우리 동네에서 볼 수 있었던 집이나 건물에 대하여 이야기 나눈다.

–네모난 빌딩, 우리 유치원, 둥근 지붕이 있는 찻집 등.

③ 다른 지방이나 다른 나라의 집을 본 경험에 대하여 이야기 나눈다.

–인디언의 천막집, 우리나라 옛날 초가집, 북극의 얼음집 등.

④ 여러 가지 집에 대하여 알아본다.

• (아파트 사진을 보며) 이런 집을 본 적이 있니?

–우리가 사는 아파트예요, 이층집이에요.

• (이글루 사진을 보며) 추운 나라의 사람들은 어떤 집에 살까?

–얼음집, 이글루에요.

• 왜 얼음으로 집을 지어 살까? 춥지 않을까?

–얼음 밖에 없으니까요.

–밖이 추워서 얼음으로 지어도 춥지 않아요.

• (아프리카 흙집 사진을 보며) 이런 집은 어디에서 볼 수 있을까?

–아프리카, 시골집 벽이요.

• 왜 이런 집을 지었을까?

–흙이 좋으니까요.

–아프리카는 더우니까 햇빛이 집 안으로 못 들어오게 하기 위해 창문이 없어요.

• (초가집 사진을 보며) 이런 집은 어디에서 볼 수 있을까?

–옛날 우리나라 집이에요. 아프리카예요.

• 이런 집은 무엇으로 만들었을까?

–지푸라기나 나무 등으로 만들어요.

• 넓은 곳에서 가축을 키우며 좋은 풀이 있는 곳으로 옮겨 다니며 살아야 하는 사람들은 어떤 집이 필요할까?
–텐트, 조그만 집, 바퀴 달린 집이요.
• (천막집 사진을 보며) 어떤 집이니?
–작아요, 천으로 만들었어요. 텐트 같아요.
• 왜 이렇게 작은 집을 짓고 사는 걸까?
–빨리 옮길 수 있게 하려고요.
–동물을 데리고 옮겨야 하니까요. 자주 이사를 가야 하니까요.
• (수상집 사진을 보며) 이런 집을 본 적이 있니?
–텔레비전에서 봤어요. 물이 많은 곳에서 물 위에 집을 짓고 살아요.
• 왜 물 위에 집을 짓고 살까?
–물이 많아서 집을 지을 땅이 없어요.
–더워서 물 위에 살면 시원하니까요. 그래서 벽도 뚫려 있어요.
–바람이 들어와 시원하게 하려고요.
• (컨테이너 집을 보며) 이런 집을 본 적이 있니?
–우리 동네에도 있어요. 그런데 일하는 아저씨들이 살아요.
–우리 동네에는 이렇게 생긴 건물도 있어요.
• 이 집의 밑에 왜 바퀴가 달렸을까?
–차에 달아서 끌고 갈 수 있게 하려고요.
• 이런 집에 살면 어떤 점이 좋을까?
–이사 갈 때 끌고 갈 수 있어 편해요.
–가고 싶은 곳에 갈 수 있어 재미있을 것 같아요.

⑤ 집의 역할에 대해 이야기 나눈 것을 정리한다.
• 이런 여러 가지 집에는 누가 살고 있니?
–가족이요.
• 집의 모양은 달라도 모두 가족이 함께 모여 사는 곳이구나.

확장활동

- 내가 살고 싶은 집 꾸며 보기(조형)
- 꾸며진 집으로 우리 동네 지도 꾸미기(협동)
- 같이 살고 싶은 친구들과 함께 동네 꾸미기(협동)
- 집에 대하여 생각하는 것(색깔, 모양, 위치 등)을 그래프로 나타내기(수학)

• 출처: 김영옥(2002). 유아를 위한 다문화 교육. 서울: 정민사, p. 81.

이글루

나무집

천막집

수상집

우리 동네 꾸미기

〈모래놀이장에서 같은 동네 꾸미고 역할놀이하기〉

02_

국악과 전통놀이의 다문화적 접근

1. 국악과 전통놀이

음악은 인간의 감정을 표현하는 수단으로 생성되었으며 그 민족만의 가치체계와 행동양식, 사회적 구조 속에서 발전되어 왔다. 때문에 세계 각국의 음악은 그 음악을 향유하는 민족적 징시가 깊이 베어 있다. 특히, 우리 민족의 음악, 즉 국악(國樂)은 우리 민족의 정체성을 확인할 수 있는 중요한 문화적 자원임과 동시에 과거와 현재를 이어 주는 문화적 도구라 할 수 있다.

전통놀이 역시 특정 사회의 문화적 특수성이 반영되어 전래된 놀이를 이르는 것으로, 오랜 세월 맥을 이어 오는 동안 자연적, 역사적, 사회적 환경에 대처하고 적응하면서 특정 민족의 놀이로 대표된 것이다.

클링거(Klinger, 1996)는 학생들이 종족음악을 통하여 그 민족의 가치, 의식, 관습, 신화, 사회 규준 등을 이해하게 되고 나아가 그 민족의 삶을 보다 생생하게 경험할 수 있다고 주장한 바 있는데, 특별히 유아기는 그 어느 시기보다도 음악과 친밀한 시기이며 유아에게 놀이는 가장 보편적인 행동양식이므로 가능한 한 다양한 문화권의 음악과 놀이를 경험하도록 함으로써 유아들로 하여금 우리 문화뿐만 아니라 타 문화를 폭넓게 이해할 수 있도록 안내할 필요가 있다.

2. 국악과 전통놀이의 다문화적 접근

국악과 전통놀이가 다문화 교육과정 내에서 다양성과 동질성을 인식하도록 돕는 교육적 자원으로 활용되기 위해서는 무엇보다도 국악과 전통놀이에 대한 이해가 선행되어야 한다. 그러나 우리나라의 유아음악 교육은 서양음악에 지나치게 의존적이며 유아가 경험할 수 있는 대부분의 음악요소 또한 전통적인 국악과는 거리가 멀다. 뿐만 아니라 노래와 함께 진행되는 전통놀이는 일본식 창가에 덧입혀져 전해지고 있는 실정이다.

그러므로 국악과 전통놀이의 다문화적 접근은 문화적 양식의 다양성 속에서 동질성을 파악하도록 전개함과 동시에, 우리 문화의 일부이지만 친숙하지 못한 국악과 전통놀이를 생활 속에서 친근하게 경험할 수 있도록 해야 한다. 즉, 특정 생활양식 또는 행동양식의 다양한 형태를 수집하여 경험을 나누고 이를 바탕으로 공통점과 차이점을 파악해 본 후, 우리 문화에 대한 인식을 새롭게 하도록 전개함으로써 궁극적으로는 다양성과 동질성을 이해하도록 하는 것이다. 국악과 전통놀이의 다문화적 접근의 예를 제시하면 다음과 같다.

구분		다양한 문화 형태 수집 및 경험 나누기	공통점과 차이점 파악	우리 문화에 대한 인식 및 다양성과 동질성의 이해
활동의 예	아기를 재워 보아요	엄마가 들려주는 자장가 조사하기	서로 다른 자장가 감상 후 이야기 나누기	각 지방과 세계 여러 나라에서 자장가가 생긴 이유에 대해 이야기 나누기

3. 교육환경 구성

국악과 전통 놀이의 다문화적 접근을 위한 환경은 다양한 문화권의 음악과 전통놀이의 정보가 담겨 있는 그림, 사진자료를 포함하며 다양한 악기와 음악을 수록한 음향자료, 음악 그림책 등이 구비되어 있어야 한다. 이 책에서 제시한 활동을 위한 환경구성 내용을 간략히 서술하면 다음과 같다.

활동 '아기를 재워 보아요' 에서는 자장가를 부르며 아이를 재우는 그림자료와 다양한 자장가를 담은 음향자료, 인형, 포대기 등이 제시될 수 있다.

'신기한 악기가 많이 있어요' 에서는 국악기를 포함한 여러 가지 악기, 세계 여러 나라 악기 사진, 악기소리가 녹음된 음향자료 등을 제시할 수 있다.

'까치야 까치야' 에서는 이가 빠지는 신체적 변화와 관련된 세계 여러 나라의 풍습을 소개한 셀비 빌러(글)와 브라이언 카라스(그림)의 그림책을 제시하고 우리나라의 관련 전래동요를 함께 준비한다. 우리나라를 포함한 여러 나라의 풍습을 직접 경험해 보도록 이 대신 작은 돌멩이를 제시해 주는 것도 좋을 것이다.

'아리랑 아리랑 아라리요' 에서는 각 지방의 아리랑이 녹음된 음향자료와 여러 가지 악기를 준비해 줌으로써 연수활동을 유도할 수 있다. 또한 음악문화의 지역적 특징을 비교해 보고 이를 시각적으로 구분해 볼 수 있도록 지도를 보조자료로 활용할 수도 있다.

'판소리 놀이를 해 보아요' 에서는 판소리와 오페라 동영상과 북, 부채, 여러 가지 악기(장구, 마라카스, 캐스터네츠, 탬버린 등)를 준비할 수 있다.

끝으로 '다른 나라에도 우리나라와 같은 놀이가 있어요' 에서는 세계 여러 나라의 여러 가지 형태의 돌차기 놀이 그림자료와 실외놀이를 위한 준비 등이 필요하다.

그러나 이상의 내용은 이 책에서 제시한 활동의 다문화적 접근을 위한 기본적인 환경구성 사항만을 언급한 것이므로 이러한 활동이 교육과정 내에서 다양한 영역 간에 통합적으로 적용될 수 있도록 보다 체계적이고 계획적인 환경을 제공해야 할 것이다. 뿐만 아니라 여기에서는 무엇보다도 국악에 대한 이해와 전통놀이에 대한 경험을 갖추고 우리 문화를 올바르게 안내할 수 있는 교사의 안목이 가장 중요한 환경요인이라 할 수 있을 것이다.

4. 교수 · 학습 활동의 실제

- **활동 1** 아기를 재워 보아요
- **활동 2** 신기한 악기가 많이 있어요
- **활동 3** 까치야 까치야
- **활동 4** 아리랑 아리랑 아라리요
- **활동 5** 판소리 놀이를 해 보아요
- **활동 6** 다른 나라에도 우리나라와 같은 놀이가 있어요

활동 1

아기를 재워 보아요

- 생활주제 나와 가족/세계 여러 나라
- 지도요소 문화/다양성
- 선정이유 아이를 재우기 위한 자장가는 지역마다 나라마다 다양한 형태로 불리고 있다. 유아들은 자신이 자라면서 들었던 자장가를 포함한 다양한 형태의 자장가를 감상할 기회를 가짐으로써 문화적 다양성과 더불어 동질감을 경험할 수 있다.
- 활동목표
  - 우리나라와 다른 나라의 다양한 자장가를 감상한다.
  - 서로 다른 자장가의 노랫말의 의미를 안다.
  - 다양한 자장가를 듣고 자신의 느낌을 이야기한다.
- 활동자료 엄마 또는 할머니가 자장가를 부르며 아이를 재우는 그림자료, 우리나라의 다양한 자장가 CD, 세계 여러 나라의 다양한 자장가 CD, 포대기, 인형
- 활동방법

:: 사전활동: '엄마가 내게 들려주는 자장가' 조사해 오기

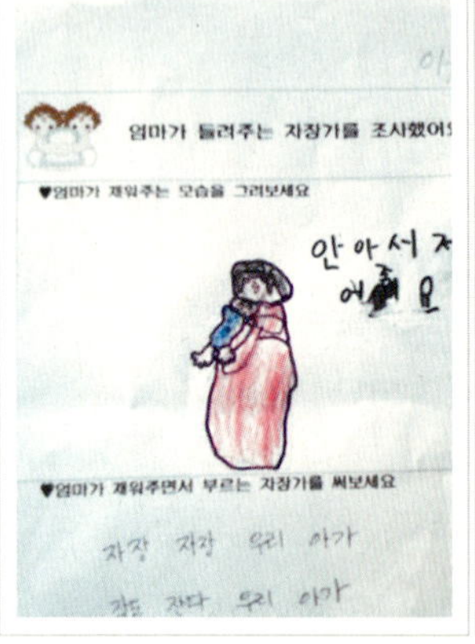

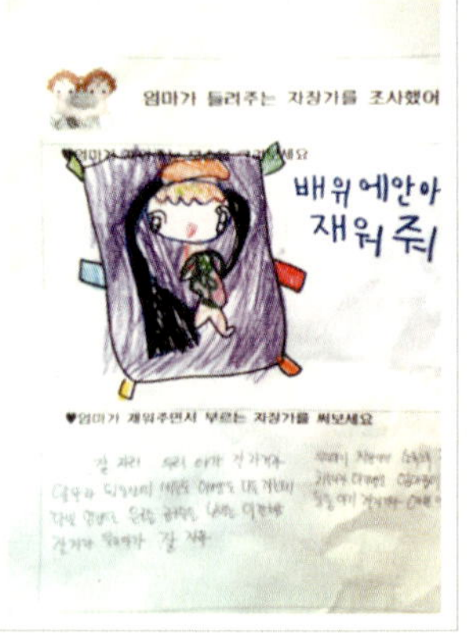

■ 이야기 나누기

① 그림자료를 보여 주며 자장가를 들어 본 경험에 대하여 이야기 나눈다.

- (엄마가 자장가를 불러 주며 아이를 재우는 그림을 보며) 무엇을 하는 그림일까?
  - –아이를 재우고 있어요.
  - –자장가를 불러 주고 있어요.
- 자장가를 선생님께 들려줄 수 있겠니?
  - –자장자장 우리○○, 잘도 잔다 우리 ○○, 자장 자장 우리 아기, 잘도 잔다 잘도 잔다.
  - –잘 자라, 잘 자라, 새근새근 잘 자라, 둥기 둥기 내 강아지, 둥기 둥기 내 강아지

② 자장가에 담긴 의미에 대하여 이야기를 나눈다.

- ○○는 엄마가 왜 그런 자장가를 불러 주셨는지 알고 있니?
  - –내가 공주처럼 예쁘게 자라라고 불러 주셨어요.
  - –할머니는 나를 사랑하셔서 귀여운 강아지라고 부르시며 재울 때도 그렇게 해 주세요.

③ 여러 가지 자장가를 들어 보고 이야기 나눈다.

- 자장가를 듣고 어떤 느낌이 들었니?
  - –잠자고 싶어요.
  - –졸려서 눈이 감기려고 했어요.
- 집에서 들었던 자장가와 같은 점은 무엇이니?
  - –잠잘 때 불러 주는 것이 같아요.
  - –엄마, 할머니가 불러 줘요.
  - –듣고 있으면 기분이 좋아져요.
  - –들으면 잠을 자고 싶어져요.
- 집에서 들었던 자장가와 다른 점은 무엇이니?

-음이 달라요.

-가사가 달라요.

④ 다양한 자장가의 노랫말에 담긴 의미에 대해 이야기 나눈다.

• 자장가의 노랫말이 모두 어떠했니?

-같은 곳도 있고, 틀린 곳도 있어요.

• 자장가가 하는 일은 무엇이었니?

사전 · 사후활동

• 아기를 재우는 다양한 모습을 알아보기(이야기 나누기)
• 노랫말이 없이 악기로 연주된 자장가 감상하기(음악)
• 역할놀이 영역에서 자장가를 부르며 인형 재워 보기(역할)
• 유아들끼리 서로 짝을 지어 자장가 부르며 재워 보기(역할)
• 자장가의 노랫말 지어 부르기(언어)

활동장면

• 자장가를 부르며 아이 재우기

활동 2

신기한 악기가 많이 있어요

생활주제 우리나라/세계 여러 나라

지도요소 문화/다양성

선정이유 우리나라를 비롯한 세계 각국에는 다양한 악기가 존재한다. 악기를 활용한 음악교육은 유아의 무한한 창의성을 계발하기 위한 효율적인 교육방법임에도 악기교육은 기능적 측면이 강조되어 있으며 그 영역마저도 제한되어 있다. 이에 각국의 다양한 악기를 경험함으로써 탐색과 감상의 기회를 갖고 나아가 문화적 다양성에 대한 이해를 도모할 수 있다.

활동목표

- 음악을 연주하기 위한 다양한 악기가 있음을 안다.
- 악기에는 여러 가지 모양과 소리가 있음을 안다.
- 우리나라와 유사한 다른 나라 악기의 같은 점과 다른 점을 비교한다.

활동자료 여러 가지 악기, 세계 여러 나라의 악기 사진, 악기소리가 녹음된 음악자료

활동방법

① 우리나라의 전통악기를 소개한다.

- 이 악기들을 본 적이 있니? 어디에서 보았니?

우리나라 전통 타악기

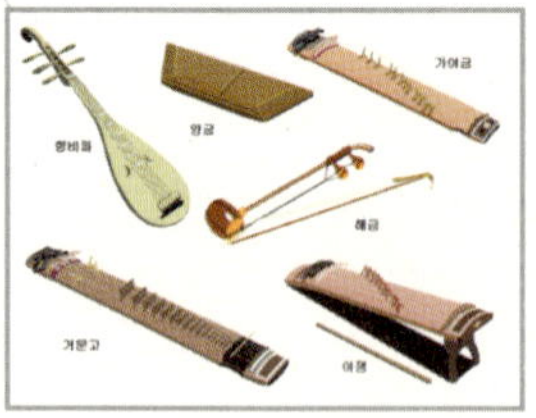
우리나라 전통 현악기

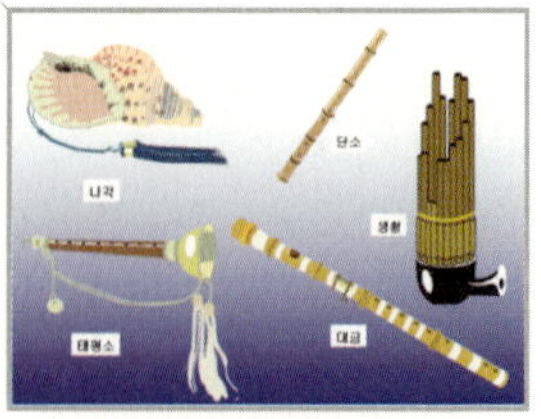
우리나라 전통 관악기

② (실물 악기를 준비한다.) 우리나라 전통악기의 생김새에 대해 이야기 나눈다.

• 이 악기(북, 징, 소고 등)들은 어떤 모양을 하고 있니?

③ 전통악기를 중심으로 소리를 만들어 내는 방법에 대해 이야기 나눈다.

• 이 악기는 어떻게 소리를 만들어 낼까?

연주방법	우리나라 전통 악기의 종류
관악기	대금, 중금, 소금, 퉁소, 단소, 향피리, 당피리, 세피리, 태평소, 훈, 나각, 나발, 생황
현악기	아쟁, 해금, 거문고, 가야금, 대쟁, 금, 슬, 향비파, 당비파, 월금, 수공후, 와공후, 대공후, 소공후, 양금
타악기	편종, 특종, 방향, 운라, 편경, 특경, 자바라, 징, 꽹과리, 박, 축, 어, 부, 장구, 갈고, 절고, 진고, 좌고, 교방고, 용고, 중고, 건고, 삭고, 응고, 뇌고, 뇌도, 영고, 영도, 노도, 도, 소고

④ 우리나라 전통 타악기의 소리를 탐색하며 악기가 지닌 독특한 소리를 들어 본다

• 이 악기(장구)는 어떻게 소리를 낼까?

–장구의 한쪽은 손바닥으로 치고 다른 쪽은 손에 채를 들고 친다.

• 장구 소리를 듣고 어떤 느낌이 들었니?

–신나요.

–큰 소리가 나요.

• 장구 소리를 말로 표현해 보자.

–덩더궁 덩더궁

⑤ 비슷한 모양을 한 악기들의 차이점에 대해 이야기 나눈다.

• (꽹과리와 징을 보여 주며) 모양은 같으나 크기와 치는 채에 따라 소리가 어떻게 다를까?

• (꽹과리)를 칠 때의 힘과 악기에 손이 닿고 안 닿고에 따라 소리에 어떤 차이가 있을까?

• 북과 소고 역시 같은 방법으로 소리의 차이를 느껴보게 한다.

⑥ 다른 나라(태국)의 전통악기를 소개한다.

• 이 악기들은 어떻게 소리를 만들어 낼까?

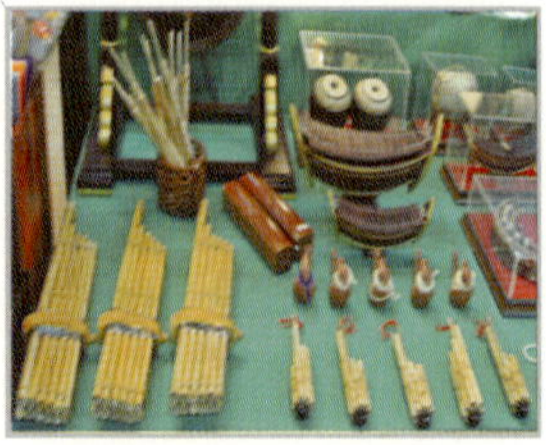
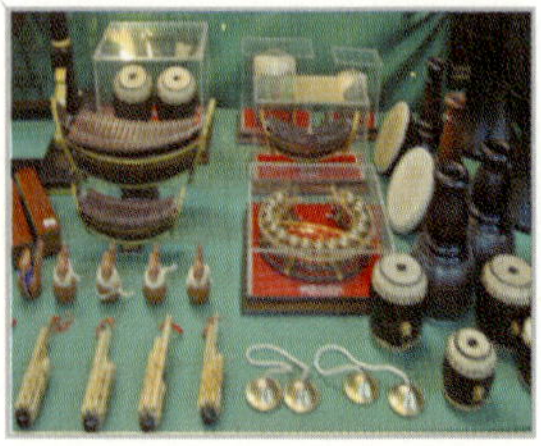

태국의 여러 가지 전통악기

⑦ 우리나라 악기와 다른 나라 악기의 공통점과 차이점에 대하여 이야기 나눈다.

우리나라의 북

태국의 북

• 이 악기(태국의 북)는 어떤 모양을 하고 있니?
 -항아리 같은데 장구처럼 줄로 연결했어요.
 -나무로 만든 것 같아요.
• 이 악기에서는 어떤 소리가 날까?
 -통통통 소리가 날 것 같아요.
 -들으면 춤을 추고 싶을 거예요.

• (다른 악기를 소개하며) 이 악기의 모양(소리)은 어떠니? 서로 같은 점(다른 점)은 무엇이니? 악기 소리를 듣고 어떤 느낌이 들었니?

• 우리나라 전통 북과 태국 북의 같은 점과 다른 점이 무엇이니?

–두드려서 소리를 내요.

–우리나라 북은 옆을 두드려요.

⑧ 악기를 연주해 본 경험이나 연주회에 가 본 경험에 대하여 이야기 나눈다.

악기를 연주하는 모습

• 이 사람들은 무엇을 하고 있니?

–연주를 하고 있어요.

• 연주회에 가 본 적이 있니? 어디서 보았니?

–연주회에 가서 보았어요.

–TV에서 보았어요.

• 이런 악기를 연주해 본 적이 있니?

–바이올린을 배운 적이 있어요.

⑨ 악기를 연주해 보는 기회를 갖는다.

• 이 악기를 연주할 때의 규칙은 무엇일까? 조심해야 할 점은 무엇일까?

• 이 악기들을 어떻게 나누어 가질까?

• 시작과 멈추는 신호는 어떻게 정할까?
• 연주가 끝나면 연주자들은 전통악기로 인사굿을 치고 인사한 후 퇴장한다.

⑩ 악기를 연주해 본 느낌에 대하여 서로 이야기한다.

사전 · 사후활동

• 소품을 악기로 활용해 보기(음악)
• 여러 악기소리 비교하기(음악/과학)
• 악기 만들어 보기(조형)
• 악기 소리에 맞추어 신체 표현해 보기(신체표현)
• 유치원으로 초대된 자원 인사의 악기 연주 들어 보기(자원 인사 초청하기)
• 여러 나라의 민속음악 감상하기(음악)

활동장면

분유통으로 만든 북 연주하기

조롱박 타악기 연주하기

부채 타악기

활동 3

까치야 까치야

생활주제 나와 가족/ 세계 여러 나라

지도요소 문화/다양성

선정이유 이가 빠지는 현상은 유아의 호기심을 유발하는 가장 큰 신체적 변화이다. 유아들은 가족 또는 또래의 경험을 함께하며 두려움 속에서 호기심을 키우고, 자신의 이가 빠지고 새로운 이가 자라는 경험을 통하여 비로소 신체적 변화의 보편성을 인식함과 동시에 성장의 기쁨을 누리게 된다. 세계 여러 나라에는 유아기의 이러한 신체적 변화를 배경으로 한 다양한 풍습들이 존재한다. 여기에는 튼튼한 새 이가 나기를 기다리는 아이들의 바람과 유아들의 신체적 성장을 축하하는 가족들의 축복의 마음이 담겨 있다. 이 활동에서는 모든 유아가 경험하는 신체적 변화를 토대로 생성된 우리나라와 다른 나라의 다양한 풍습을 다뤄 봄으로써 문화적 보편성과 다양성을 인식하고, 나아가 자신의 신체적 성장을 긍정적으로 인식하는 태도를 기르도록 돕는다.

활동목표
- 이가 빠지는 현상에 관심을 가진다.
- 이가 빠지는 현상과 관련된 다양한 풍습의 의미를 이해한다.

활동자료 동화책 『이가 빠지면 지붕 위로 던져요』(글: 셀비 빌러, 그림: 브라이언 카라스, 출판사: 북뱅크, 2007), '까치야 까치야' 음악 CD, 공깃돌

활동방법

① 이가 빠지는 현상과 관련된 경험을 이야기 나눈다.

- (이를 뺀 유아가 있는 경우) ○○에게 축하해 줄 일이 생겼단다. ○○에게 무슨 일이 있었을까?
  - 이가 빠졌어요.

• ○○처럼 이를 뺀 친구나 이가 빠진 것을 본 친구가 있니?

–저는 앞니가 빠졌어요.

–언니랑 오빠가 이를 뺐어요.

• ○○는 빼고 난 이를 어떻게 하였니?

–치과에서 뺐는데, 그냥 버렸어요.

• ○○는 치과선생님이 이 빼는 것을 도와주셨구나. 그런데 선생님이 어렸을 때는 이를 빼고 난 후에 뺀 이를 지붕에 던졌단다. 옛날엔 치과가 없었기 때문에 실로 이를 둘둘 감아 뺀 다음에 지붕에 던지면서 튼튼한 새 이가 나기를 바라는 노래를 불렀단다.

② 전래동요 '까치야 까치야'를 감상한다.

• 선생님이 어렸을 때 이를 지붕에 던지며 불렀던 노래를 들어볼까?

까치야, 까치야, 헌 이 줄게, 새 이 다오. (반복)

• 노래 속에서 누구에게 새 이를 달라고 하였니?

–까치요. 까치가 헌 이를 가져가고 새 이를 준대요.

③ 이가 빠지는 현상과 관련된 여러 나라의 풍습을 살펴본다.

• 그런데 어느 나라에서는 이를 지붕에 던지면 달님이 새 이를 준다고 믿었단다. 또 다른 나라에서는 빠진 이를 어떻게 했는지 살펴볼까?

④ 여러 나라의 풍습 속에 담긴 의미를 찾아본다.

• 다른 나라의 사람들은 이가 빠지면 어떻게 했을까?

–베개 밑에 둬요.

–귀고리로 만드는 나라도 있어요.

• 나라마다 이를 빼고 난 후에 하는 행동이 다양하구나. 그런데 다들 왜 그런 행동을 했을까?

–예쁜 새 이를 달라고요.

–이가 빠진 것을 축하해 주는 것 같아요.

⑤ '까치야 까치야' 노래를 부르며 이를 던져 본다.
- '까치야 까치야' 노래를 부르며 이 대신 공깃돌을 던져 보자.

⑥ 새로운 이가 나기를 기원하는 방법을 찾아 함께 실행해 본다.
- ○○에게 튼튼하고 예쁜 새 이가 나도록 우리 모두 기원해 주기로 하자. 어떤 방법이 좋을까?

-까치에게 예쁜 이를 달라고 편지를 써요.
-새 이 그림을 예쁘게 그려서 ○○에게 줘요.
-새 이 그림을 그려 주면 ○○가 베개 밑에 두고 자요. 그럼 예쁜 이가 날 것 같아요.
-○○를 위해서 노래를 불러 줘요.

"까치야 까치야, ○○ 헌 이 갖고 예쁜 새 이 다오."

사전 · 사후활동
- 까치 대신 다른 노랫말(달님, 생쥐, 까마귀 등)을 넣어 부르며 공깃돌을 던져 보기(실외놀이)
- '까치야 까치야' 노래에 이 대신 자신이 원하는 것을 노랫말로 넣어 부르기 (음악)

- 이가 빠지기 전후의 관리방법 조사하기(과학)
- 동물에게 바라는 노랫말이 있는 전래동요 감상하기(음악)

교수 · 학습자료 도우미

:: 이가 빠지면 지붕 위로 던져요

제　목: 이가 빠지면 지붕 위로 던져요
지은이: 셀비 빌러
그린이: 브라이언 카라스
옮긴이: 공경희
출판사: 북뱅크

〈줄거리〉

이 책은 이가 빠졌을 때 이루어지는 세계 64지역의 66가지 흥미로운 풍습을 담고 있다. 또 책의 뒤편에는 건강한 치아관리를 돕는 다양한 정보가 담겨 있다.

한편, 각 지역의 문화적 특징을 잘 표현한 그림은 이에 관한 여러 나라의 재미있는 풍습을 설명하는 동시에 각 나라 사람들의 옷과 집들의 모양, 그 밖의 풍경들을 묘사하고 있으므로, 유아들에게 서로 다른 가운데 유사하기도 한 세계 각국의 풍습과 생활모습을 이해하도록 안내하며 문화적 다양성과 유사점을 탐색하는 데 유익한 정보를 제공하고 있다.

활동 4

아리랑 아리랑 아라리요

- 생활주제 우리나라
- 지도요소 문화/다양성
- 선정이유 우리나라 각 지방마다 고유한 방언이 있듯이 언어에 뿌리를 두고 형성된 음악 역시 그 지방만의 특성이 반영되어 조금씩 다르게 변화되었다. 이러한 특성은 각 지방의 방언을 사설로 하는 민요에 잘 드러나 있는데 대표적인 예가 바로 '아리랑' 이다. 이 활동에서는 각 지방에서 불린 아리랑의 고유한 음악적 느낌을 비교해 봄으로써 지역문화의 다양성을 인식할 수 있다.
- 활동목표
  - 여러 지방의 아리랑을 감상한다.
  - 각 지방에서 불리는 아리랑의 느낌이 다름을 안다.
- 활동자료 각 지방의 아리랑이 녹음된 CD, 아리랑을 연주할 수 있는 다양한 악기
- 활동방법

① '아리랑' 을 들려주고 비슷한 노래를 들어 본 경험에 대하여 이야기 나눈다.

• 이 노래를 들어 본 적이 있니?

② 같은 아리랑이지만 지역마다 조금 다른 아리랑이 있음에 대하여 이야기 나눈다.

③ 각 지방의 아리랑을 듣고 공통점과 차이점을 찾아 이야기 나눈다.

• '○○아리랑' 과 '●●아리랑' 의 같은 점은 무엇일까?

–제목이 같아요.

–노랫말에 서로 비슷한 것이 있어요.

– '아리랑' 이 자꾸 나와요.

• '○○아리랑' 과 '●●아리랑' 의 다른 점은 무엇일까?
– '○○아리랑' 은 느린데, '●●아리랑' 은 빨라요.
– '○○아리랑' 은 슬픈데, '●●아리랑' 은 신나요.
–정선아리랑은 눈물이 나올 것 같기도 하고, 진도아리랑은 웃음이 나오기도 해요.

④ 아리랑을 여러 가지 악기로 연주하며 불러 본다.

사전 · 사후활동

• 아리랑을 들으며 자신의 느낌을 신체표현하기(음률)
• 아리랑 노래에 맞춰 다양한 소품을 이용하여 춤추기(음률)
• 다양한 악기로 연주한 아리랑 감상하기(음악)

활동장면

아리랑 감상 후 표현하기

여러 지방의 아리랑에 맞추어 춤추기

음악을 들으며 신문을 이용하여 춤추기

교수 · 학습자료 도우미

우리나라 아리랑의 유래 및 사설(노랫말)

• 진도아리랑

→음악적 특징: 남도 특유의 떠는 소리, 꺾는 소리 등의 표현으로 격렬하고 극적인 느낌을 갖는다.

→사설(노랫말):

아리아리랑 쓰리쓰리랑 아라리가 났네/

아리랑 응응응 아라리가 났네/

문경새재는 웬 고갯가/

굽이야 굽이굽이가 눈물이로구나/

• 밀양아리랑

→음악적 특징: 우리나라의 민요는 태백산맥 동쪽에 위치한 강원도, 함경도, 경상도 지방에서 불리는 민요를 동부 민요로 분류한다. 이중 경상도 민요는 빠른 장단을 많이 사용하므로 흥겹고 경쾌하며 강한 억양을 갖는다.

→사설(노랫말):

날 좀 보소 날 좀 보소 날 좀 보소/

동지섣달 꽃 본 듯이 날 좀 보소/

아리 아리랑 쓰리 쓰리랑 아라리가 났네/

아리랑 고개로 날 넘겨 주소/

• 정선아리랑

→음악적 특징: 동부 민요 중 강원도 지방에서 불리는 민요는 엇모리 장단의 노래가 많은 편이며, 이 중 강원도나 함경도의 민요는 탄식이나 애원조의 노래가 많아 슬픈 느낌을 준다.

→사설(노랫말):

눈이 올려나 비가 올려나 억수장마 질려나/
만수산 검은 구름이 다 모여든다/
아우라지 뱃사공아 배 좀 건네주게/
싸리고 올동백이 다 떨어진다/
떨어진 동백은 낙엽에나 쌓이지/
사시장철 임 그리워서 나는 못 살겠네/

활동 5

판소리 놀이를 해 보아요

생활주제 우리나라

지도요소 문화/다양성

선정이유 우리나라를 비롯한 모든 나라에는 이야기를 담고 있는 음악예술 장르가 존재한다. 특히, 우리나라의 판소리는 내용 면에서는 민중이 공감할 수 있는 교훈적 설화를 배경으로 하고 있으며, 서양의 오페라와는 차별화된 연행적 특징을 가지고 있다. 오늘날 유아를 위해 작창(作唱)되고 있는 판소리 역시 유아들에게 익숙한 이야기를 배경으로 하고 있으며, 전통적 연행방법을 고수하고 있으므로 유아기에 적용 가능한 형태로 다듬어졌다고 볼 수 있을 것이다. 이에 우리나라 문화에 대한 이해의 토대 위에 타 문화와의 차별성을 인식함으로써 궁극적으로는 문화적 다양성을 수용하는 태도를 기르고자 한다.

활동목표
- 이야기가 있는 음악극을 감상할 수 있다.
- 소리꾼(가창자)과 고수(반주자)의 역할을 안다.
- 이야기가 있는 음악극(판소리 또는 오페라)을 만들 수 있다.

활동자료 판소리와 오페라 동영상, 북, 부채, 여러 가지 악기(장구, 마라카스, 캐스터네츠, 탬버린 등)
- 참고 사이트: 국립국악원 http://www.ncktopa.go.kr

관련활동

판소리와 오페라

이야기 나누기
- 이야기가 있는 노래가 있어요(판소리와 오페라 비교하기)
- 판소리는 이렇게 불러요(소리꾼과 고수의 역할 탐색하기)
- 판소리(오페라)를 함께 만들어 보아요[판소리(오페라) 창작을 위한 계획 세우기]

예술영역 간의 통합
- 언어활동(문학)
  - 판소리(오페라) 창작을 위한 이야기 꾸미기
- 조형활동
  - 판소리(오페라) 공연을 위한 소품 만들기

음악활동
- 판소리와 오페라 감상하기
- 이야기에 알맞은 곡 선정하기
- 함께 만든 판소리(오페라) 불러 보기
- 반주음악 완성하기
- 발림과 추임새 함께해 보기

공연 및 감상
- 협력하여 공연하기
- 우리가 만든 판소리(오페라) 감상하기

활동방법

① 판소리와 오페라를 감상한다.

- 이 음악(판소리, 오페라)을 들어 본 적이 있니?

② 우리나라의 판소리와 서양의 오페라의 같은 점과 다른 점을 찾아본다.

- 판소리와 오페라의 같은 점은 무엇일까?
  - 재미있는 이야기를 노래로 불렀어요.
  - 노래하는 사람과 연주하는 사람이 따로 있어요.
- 판소리와 오페라의 서로 다른 점은 무엇일까?
  - 판소리는 노래하는 사람이 한 명밖에 없는데 오페라는 많아요.
  - 판소리는 노래하는 사람이 여기저기 돌아다니지 않아요.

–오페라는 여러 사람이 반주해 주고 판소리는 북만 쳐요.

–판소리는 한복을 입고 부르는데 오페라는 드레스를 입었어요.

–판소리는 한 사람만 노래를 부르고 반주 장단도 한 사람이 해 줘요.

③ 판소리 중 소리꾼과 고수의 역할을 탐색해 본다.

• 판소리에서 북을 치는 사람을 무엇이라고 부를까?

• 판소리에서 북을 치는 고수는 무엇이라고 하였니?

– '얼씨구' 라고 했어요.

• 고수는 왜 그런 소리를 냈을까?

–흥겨우라고요.

–소리꾼한테 힘내라고요.

• 소리꾼은 노래만 할까?

–노래하면서 움직이기도 하고요 부채도 펴요.

–말로 설명도 했어요.

④ 판소리로 만들 수 있는 이야기를 선정하고 역할을 분담하여 판소리를 만들고 불러 본다.

• 판소리를 만들기 위해 어떤 것들을 준비해야 할까?

–판소리로 만들어 부를 이야기가 있어야 돼요.

• 어떤 이야기를 판소리로 표현해 볼까?

– '하마하마 춤춰라' 요.

• '하마하마 춤춰라' 를 판소리로 불러 보려면 또 무엇을 준비해야 할까?

–소리꾼이랑 북 치는 사람도 정해야 돼요.

–부채요.

–말로 설명하는 부분도 만들어야 돼요.

사전 · 사후활동

• 새로 만든 판소리로 공연해 보기(음악)

• 같은 이야기로 오페라 구성해 보기(음악)

활동장면

판소리와 오페라 감상하기

새로 만든 판소리 공연하기

교수 · 학습자료 도우미

:: 오페라

➞ 어　원: 오페라는 이탈리아 말로서 어원은 opera in musica(음악으로 된 작품)이다.

➞ 정　의: 연극과 음악이 결합한 형태의 무대예술 장르이다.

➞ 연행형태: 등장하는 인물들은 연기를 하면서 노래를 한다. 극에 따라 등장하는 인물이 다양하므로 가창의 형태는 독창, 중창, 합창이 모두 포함되어 있으며 오케스트라의 음악을 수반한다.

:: 판소리

➞ 어　원: '판소리' 의 사전적 의미는 '판' 에서 부르는 '소리'이다. 여기서 '판○○' 이라는 것은 작품을 만들어 멋지게 공연하는 것을 의미한다. 그러므로 '판소리' 는 잘 짜여진 한 판의 소리라는 의미로 해석될 수 있다.

→정　　의: 한 사람의 소리꾼이 고수의 북장단에 맞추어 긴 이야기를 소리와 아니리(말), 발림(몸짓)을 곁들이며 표현하는 성악곡이며, 중요무형문화재 제5호로 지정되었다.

→연행형태: 판소리는 부채를 든 한 사람의 소리꾼이 창, 아니리, 발림을 통하여 이야기를 전하는 형태이며, 여기서 창자, 고수, 청관중은 삼위일체를 이뤄 함께 호흡한다.

1. 판소리의 마당

판소리는 어느 한 사람에 의해 만들어진 것이 아니라 오랜 세월 동안 많은 소리꾼들에 의해 완성되어 온 것으로 판소리에서는 작품 하나를 '한마당' 이라고 하는데, 이 중 대표적인 열두 가지를 '판소리 열두 마당' 이라 한다. 현재 전창되고 있는 판소리는 이 중 다섯 마당(춘향가 · 수궁가 · 심청가 · 흥보가 · 적벽가)이며 최근에 이르러서는 새롭게 작창되고 있다.

2. 추임새

장단을 맞추는 고수가 창의 군데군데에서 소리의 끝부분에 창자의 흥을 돋우기 위하여 '좋다' '좋지' '으이' '얼씨구' 등의 감탄사를 넣어 주는 것을 말한다. 이 감탄사는 소리에서 다음 구절을 유발하는 데에도 큰 구실을 하며 서양음악 오페라에서의 관현악 반주 이상의 효과를 가져올 수 있다.

3. 아니리

판소리에서 창자가 소리를 하다가 한 대목에서 다른 대목으로 넘어가기 전에 사설을 엮어 나가는 행위를 말한다.

4. 발림

판소리에서 창자가 소리의 가락이나 사설의 극적인 내용에 따라서 손 · 발 · 온몸을 움직여 소리나 이야기의 감정을 표현하는 몸짓을 말한다.

활동 6 다른 나라에도 우리나라와 같은 놀이가 있어요

생활주제 우리나라/세계 여러 나라

지도요소 문화/다양성

선정이유 유아들이 현재 즐겨 하고 있는 놀이가 다른 여러 나라에도 비슷한 형태로 존재하고 있음을 알고 직접 참여해 봄으로써 우리나라와 다른 나라의 놀이문화에서 발견되는 공통점과 차이점을 이해하도록 한다.

활동목표
- 여러 나라의 유아들이 비슷한 놀이를 즐겨 하고 있음을 안다.
- 돌차기 놀이의 다양한 방법을 안다.

활동자료 여러 나라의 돌차기 놀이 패턴 그림

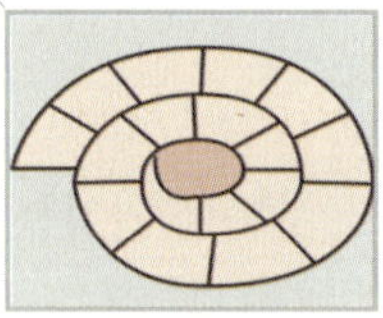
그림1_ 프랑스

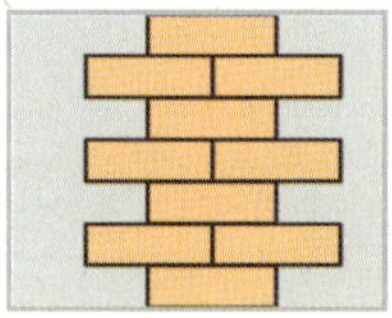
그림2_ 영국

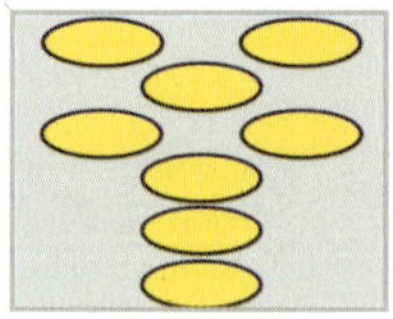
그림3_ 나이지리아

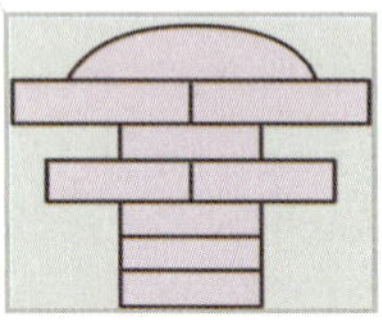
그림4_ 중국

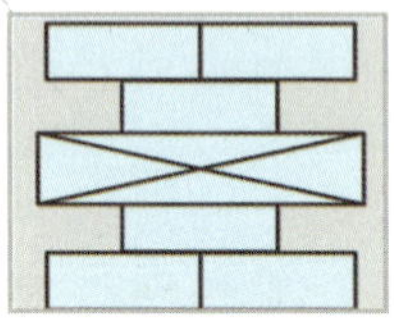
그림5_ 미국

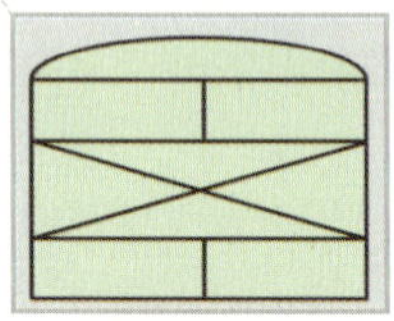
그림6_ 우리나라

활동방법

① (그림 6을 보며) 사방치기를 해 본 경험에 대하여 이야기 나눈다.
- 사방치기 놀이를 해 봤니?
- 어떻게 놀이하는지 이야기해 줄 수 있겠니?

② 여러 가지 형태의 돌차기 놀이에 대하여 이야기를 나눈다.

- (그림 1, 2, 3, 4, 5를 보며) 여기에서는 어떤 놀이를 할 수 있을까?

 –돌차기 놀이하고 비슷한 놀이를 할 것 같아요.

- 우리가 하는 돌차기 놀이와는 어떤 점이 같니?

 –땅에 모양을 그리는 것이요.

 –숫자도 써요.

 –한 사람씩 해요.

- 어떤 모양의 놀이를 해 보고 싶니?

③ 제시한 그림 중 해 보고 싶은 모형의 놀이 규칙을 알아본다.

■ 프랑스

· 어느 쪽 발로 뛸 것인지 결정한다.

· 달팽이 모형을 뛴다.

· 각 칸에서는 한 번씩만 뛰어야 한다. 뛸 때 선을 밟으면 안 된다.

· 가장 안쪽에 있는 칸에서는 두 발을 딛고 쉴 수 있다.

· 쉰 후에는 다시 뛰어 처음으로 되돌아 나온다.

· 달팽이 모형 안에서 밖으로 뛰어나올 땐 '집'을 선택한다. '집'으로 선택한 공간에 자기영역의 표시를 적는다. 이곳은 다음에 다시 오게 될 때 쉴 수 있는 곳이 된다. 다른 아이는 이곳에서 쉬지 못한다.

· 달팽이 모형에 표시들이 모두 쓰이거나 더 이상 뛸 수 없으면 게임은 끝난다. 칸을 많이 차지한 사람이 이긴다.

■ 영국

· 1 바깥에 서서 1 안으로 퍽(puck)을 던진다.

· 패턴을 따라 뛴 뒤 다시 1로 돌아와 퍽을 집어 들고 밖으로 나온다.

· 동시에 두 발을 같이 디딜 수 있는 곳은 2와 3, 5와 6, 8과 9에서뿐이다.

· 놀이에 참여한 모든 아이들이 한 번씩 한 뒤에 두 번째 순서가 되면, 퍽을 2로 던지고 모든 땅을 뛰어 돌아온다. 퍽을 칸이 나란히 있는 곳(2와 3, 5와 6, 8과 9)에 던질 때는 항상 그 땅을 밟지 않는다. 패턴을 따라 되돌아올 때 퍽을 집는다.

· 던질 때 퍽이 땅에서 벗어나면 처음부터 다시 해야 한다.

· 퍽을 던져 모든 땅을 잘 밟고 오는 사람이 이긴다.

■ 나이지리아

· 1원 안으로 말(kwalo)을 던진다.

· 1은 건너뛰고 한 발로 2를 뛰고, 3을 뛰고, 4와 5를 같이 뛰고, 6을 뛰고, 7과 8을 같이 뛴다.

· 7과 8을 뛴 다음에는 손벽을 치고 뒤돌아 뛴다.

· 같은 방법으로 되돌아오면서 1을 건너뛰고 돌아서 말을 집는다.

· 같은 방법으로 연속되는 각각의 원 안에 말을 던지는데 말이 놓인 곳은 밟지 않는다. 1로 돌아오는 길에 말이 있는 칸은 건너뛴다.

· 8 안에 말을 던진 후에 처음으로 돌아오기 전에 패턴 위의 장소에 말을 던진다. 허리를 구부려 다리로 말을 들어 올린 후 1로 되돌아온다.

· 원 밖으로 뛰거나 선을 밟거나 원 안으로 말을 못 넣으면 게임에서 진다.

■ 중국

· 1~6의 칸을 차례로 뛰고 다시 1로 돌아와서 밖으로 나온다.

· 1 가장자리에 서서 돼지 머리에 퍽을 던진다.

· 패턴을 따라 뛰면서 4와 5, 7과 8에서는 두 발로 착지한다. 7과 8에서는

패턴 쪽을 보고 뒤돌아 뛴다. 돼지머리에서 퍽을 집어 들고 패턴 밖으로 나온다(게임 시작 전에 아이들은 자기 퍽을 등 뒤로 잡을지 몸을 앞으로 굽혀 두 다리 사이로 잡을지 결정해야 한다). 돼지머리 바깥 땅에 손이 닿으면 기회를 잃지만, 성공적으로 마치면 자기 땅 하나를 차지할 수 있다.

· 다음 아이가 같은 방법으로 따라서 한다.
· 모든 땅을 차지할 때까지 아이들은 게임을 계속한다.
· 땅 주인이 사용할 수 있도록 허락하지 않으면 그 땅을 밟을 수 없다. 누구나 다른 아이에게 그렇게 할 수 있다.
· 자기 땅에 도착하면 반드시 두 발로 쉬어야 한다. 만약 자기 칸에서 한 발 뛰기를 했다면 그 땅은 다른 사람의 것이 된다.

■ 미국

· 1에 옷핀을 던진다.
· 2에 한 발 뛰기를 한다.
· 3은 한 발 뛰기를 하고, 4와 5는 같이 뛰고 6은 한 발로 뛰고 7과 8은 같이 한다.
· 7과 8에서는 패턴 쪽을 향해 방향을 바꿔 다시 뛴다.
· 2로 돌아오면 몸을 구부려 1의 핀을 집어 들고 패턴 밖으로 나온다.
· 계속해서 각각의 칸 안에 핀을 던지고 핀이 있는 곳은 밟지 않는다.

④ 새로운 돌차기 놀이 규칙을 만들어 본다.

• 너희들이 다른 나라 친구들과 돌차기 놀이를 한다면 어떻게 규칙을 정할 수 있을까?

사전 · 사후활동

- 하고 싶은 놀이의 모형을 그려서 실행해 보기(실외놀이)
- 놀이의 규칙이나 모형을 변형시켜서 놀이하기(실외놀이)
- 다양한 돌차기 놀이 모형 꾸며 보기(실외놀이)
- 돌차기 놀이와 함께 부를 수 있는 노래 찾아보기(이야기 나누기)
- 돌차기 놀이에 사용할 수 있는 도구를 찾아보거나 만들어 보기(조형)
- 좋아하는 돌차기 놀이 모양을 그래프로 나타내기(수/과학)
- 적절한 장소에 돌차기 놀이 모형을 그려놓고 놀이하기(실외놀이)

• 출처: 김영옥(2002). 유아를 위한 다문화 교육. 서울 : 정민사, p. 241.

활동장면

- 내가 만든 돌차기 놀이방법과 규칙

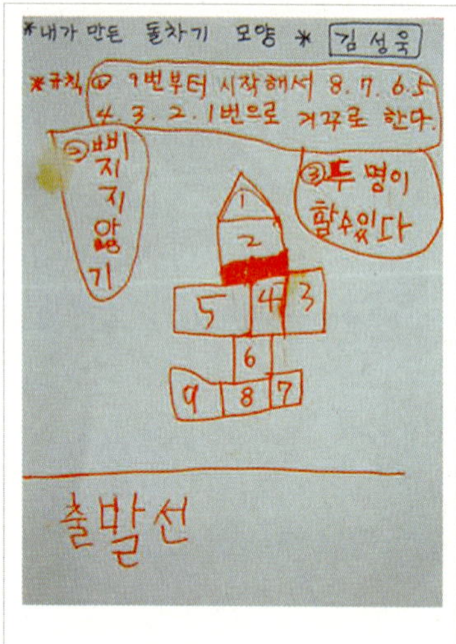

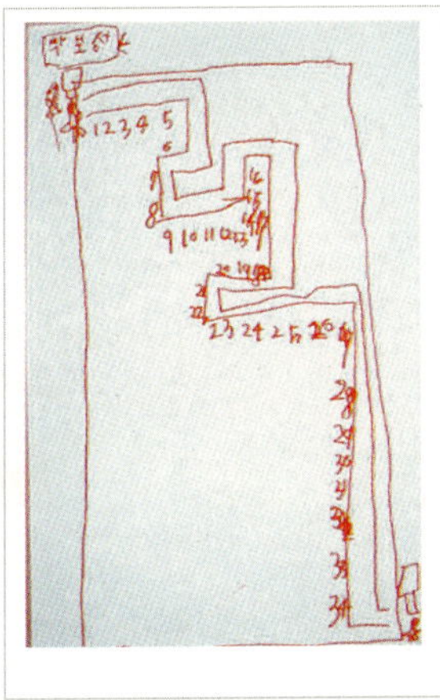

• 내가 만든 실내에서의 돌차기 놀이

• 내가 만든 말

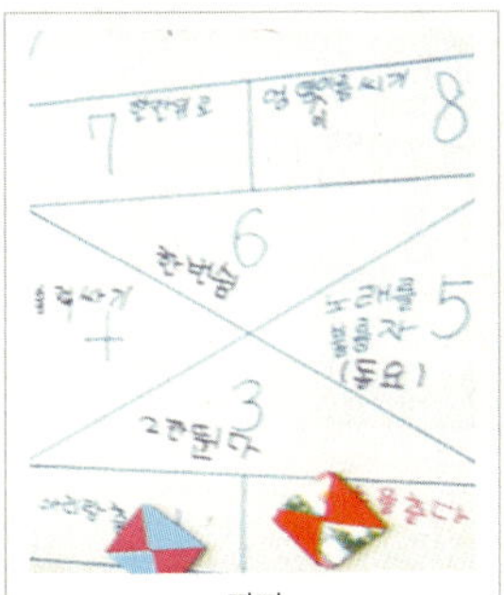

딱지

전통문양틀

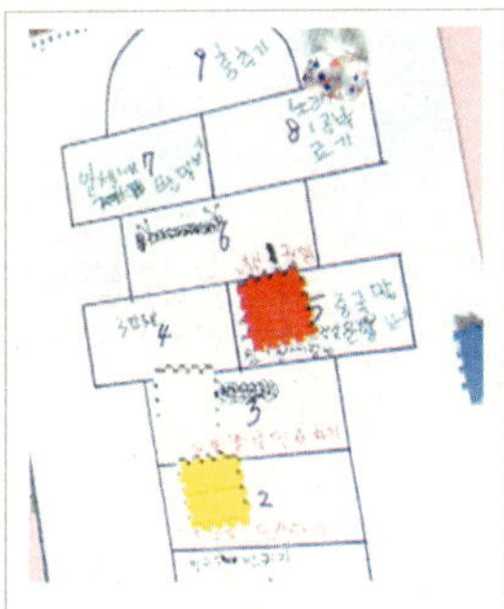

퍼즐조각

적목인형

모형 공룡

교수 · 학습자료 도우미

:: 가위바위보

• 한국의 가위바위보

중국에서 유래되었으며, 절대강자가 없다는 의미를 내포하고 있다. 가위는 보(보자기)를 자를 수 있지만 바위를 자르지는 못하고, 바위는 가위를 부술 수 있지만 보자기에 싸인다는 의미가 있다.

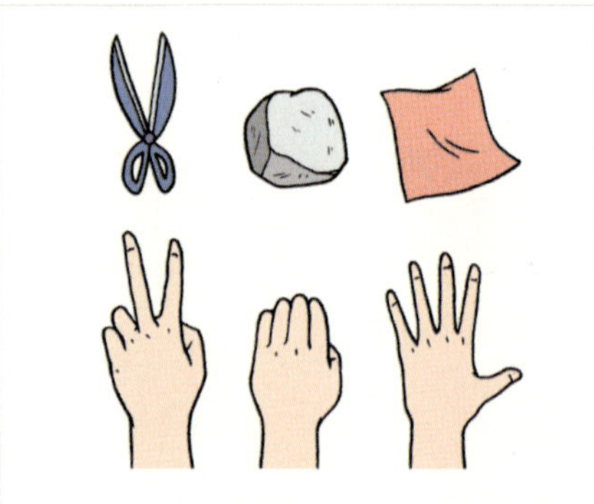

• 일본(장 껭 뽕)과 인도네시아(수이!)

장껭은 가위바위보를 의미하며, 뽕은 손을 내라는 의성어와 같은 것으로 장껭을 말한 후에 뽕에 손을 내민다.

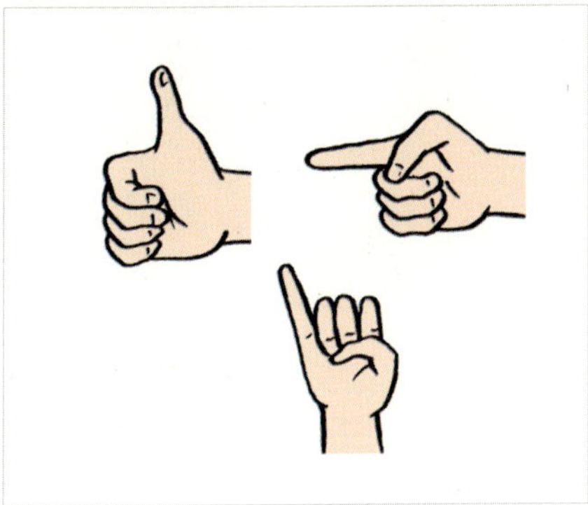

• 말레이시아(원투줌!)

원투줌은 돌(지역에 따라 '총')과 새, 물을 가지고 이기고 지는 것을 따진다. 돌은 우리의 바위, 새는 우리의 가위에 해당하는데 코브라의 입모양을 의미한 것이며, 물은 우리의 보에 해당한다. 돌은 새를 이길 수 있고 새는 물을 마셔서 없앨 수 있으므로 이길 수 있고, 물은 돌을 그 안에 잠기게 할 수 있으므로 이길 수 있다는 논리이다.

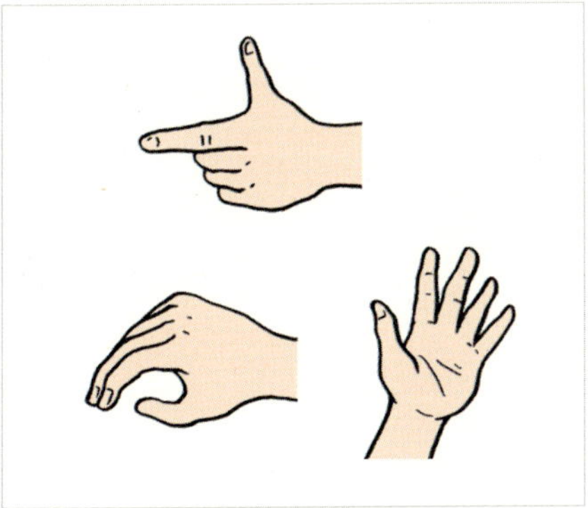

• 내가 만든 가위바위보

• 출처: 김영옥(2002). 유아를 위한 다문화 교육. 서울: 정민사, p. 302.

03_

표현활동의 다문화적 접근

1. 표현활동

유아는 자신이 보고, 듣고, 느끼고, 생각한 것을 표현함으로써 다른 사람과 의사소통한다. 이러한 측면에서 표현활동은 생각과 느낌을 보다 효과적이고 자연스럽게 표현할 수 있는 영역이다.

2007년 개정 유치원 교육과정의 '표현생활 영역'에서 표현활동은 유아의 풍부한 감성과 심미적 태도 및 창의적 표현력을 기르며, 다양한 예술 표현 방식을 존중하고 즐기는 태도의 함양을 돕는다고 정의하고 있다. 표현생활은 '자연과 생활에서 아름다움 찾아보기' '예술적 표현 즐기기' '감상하기'의 세 가지 내용으로 구성되어 있다.

'자연과 생활에서 아름다움 찾아보기'는 유아가 자연과 주변 환경에서 자연스럽게 접할 수 있는 소리나 음악, 움직임, 조형에 관심을 기울여 예술활동의 기본이 되는 다양한 요소를 찾아보는 경험에 중점을 둔다. '예술적 표현 즐기기'는 유아가 다양한 예술활동에 참여하여 생각과 느낌을 자유롭게 표현하는 데 중점을 두고 있다. 또한 음악, 움직임과 춤, 조형활동, 극놀이를 통합적으로 경험하고, 예술활동 과정을 즐기는 데 중점을 둔다. '감상하기'는 유아나 다른 사람이 표현한 예술작품 및 자연과 생활 속의 아름다움, 우리 전통예술에 유아가 관심을 가지고 즐기도록 하는 데 중점을 둔다.

표현생활 영역의 교육활동은 특정한 예술적 개념이나 기능 습득보다는 생각과 느낌을 자유롭고 창의적으로 표현해 보는 경험을 중심으로 하고 있다. 교사는 유아에게 직접 보고, 듣고, 만지고, 느껴 보는 능동적인 활동 과정을 강조하고 유치원의 일과 중 자연스럽게 다양한 탐색 및 감상 활동의 기회를 제공하며 대·소집단 활동과 자유선택활동에서 통합적으로 다룰 수 있도록 기회를 제공해 주어야 한다.

2. 다문화적 표현활동

유아는 자기가 속한 민족의 문화와 세계의 문화를 함께 접하면서 자연스럽게 점차 사회화되어 간다. 유아교육기관에서는 유아가 자국의 문화뿐 아니라 세계 여러 나라의 문화를 수용하고 이해할 수 있는 기회와 경험을 다양하게 제공해 줄 수 있어야 한다. 이러한 맥락에서 음악과 동작은 유아가 문화 장벽을 넘어 다른 문화를 빠르게 받아들일 수 있도록 해 주는 '자연언어'로서 전 세계 유아들이 몰두할 수 있는 공통의 활동이기 때문에 새로운 리듬에 따라 몸을 움직여 봄으로써 다른 문화의 생활과 동작을 자연스럽게 경험할 수 있다. 즉, 전 세계 사람들이 부르는 노래들은 각기 다를 수 있지만 노래를 부르는 사람과 유아가 느끼는 감정은 같다.

극놀이는 한순간이지만 유아들이 민속의상이나 축제의상 등을 입고 누군가가 되어 보는 기회를 제공한다. 이와 같이 또 다른 문화의 삶을 경험한다는 것은 지구촌 문화와 의식을 알아볼 수 있는 좋은 기회이다.

미술은 그 사회와 문화를 반영한다. 다른 문화를 이해하고 인정하기 위한 첫 번째 단계인 미술은 다문화적 사회를 살아가기 위해 필요한 양식이 되고 있다.

또한 미술은 하나의 의사소통이자 언어의 의미를 갖는데, 미술을 매개로 우리나라 문화와 다른 나라 문화의 유사점과 차이점을 알고, 각 문화의 특성을 이해할 수 있기 때문이다. 그러나 다른 문화를 이해하기에 앞서, 우리나라의 고유 표현양식에 대한 올바른 이해와 경험으로 건전한 정서를 길러주어야만 더 나아가 지구촌 인류 전체의 표현양식에 대한 경험으로 이어질 수 있고, 지구상의 모든 문화 속에 존재하는 표현양식을 이해할 수 있게 된다. 유아기부터 자신이 속해 있는 민족의 표현양식을 먼저 배우고 이해하면서, 더불어 세계의 다양한 표현양식을 이해하도록 해야 한다. 이를 위해 첫째, 유아에게 가능한 한 다양한 표현양식의 경험을 제공한다. 둘째, 표현양식에 대한 충분한 지식을 접할 수 있어야 하며 서로 다른 표현양식들을 이해할 수 있어야 한다. 셋째, 다양한 유형의 표현양식을 보고 들으며 비교할 수 있어야 하며 친숙한 표현양식 유형과 그렇지 않은 유형의 특징을 구별할 수 있어야 한다. 넷째, 유아들이 접한 표현양식의 경험들에 대해서 말 또는 몸짓으로 표현할 수 있어야 하며 음악과 움직임, 미술, 극놀이 등 표현활동이 통합적으로 이루어짐으로써 그들의 능력이나 태도가 점차 발전되는 것을 보여 줘야 한다.

유아들은 다문화적 접근에 기초한 표현활동을 통해 우리나라의 우수성과 아름다움을 느끼고 문화국민으로서의 자긍심을 가질 수 있으며, 동시에 세계 여러 나라의 독특함과 아름다움에 대한 교육을 통해 진정으로 다른 나라의 문화를 이해할 수 있게 된다. 다문화적 접근에 기초한 표현활동을 위해서는 민족과 관습, 전통, 종교 등의 다문화적 요소와 표현양식의 요소를 모두 고려하는 것이 필수적이다.

3. 교육환경 구성

유아는 환경과의 상호관계 속에서 전체적으로 기능하는 역동적이고 능동적인 존재이다. 그러므로 유아의 학습활동을 최대한 지지해 주기 위한 환경 구성은 매우 중요한 과제이다. 다문화 교육을 위한 환경 구성도 일반적인 원리에 입각하여 발달적 적합성과 균형성, 통합성, 지속성과 융통성, 안정성을 강조해서 구성해야 한다(White & Coleman, 2000). 교육부 지도 자료집(교육부, 2000)의 분류에서도 각 영역[예: 역할놀이영역-여러 나라/지방의 옷, 신발, 모자, 민속적인 물건, 그림 소품들, 여러 나라/지방의 집을 꾸며 볼 수 있는 자료와 다양한 역할놀이 자료들; 조형영역-여러 가지 피부색과 머리카락을 가진 사람들의 사진, 표현활동 자료; 음률영역-여러 민속 악기, 춤 그림자료, 다양한 언어로 된 노래 테이프, 여러 가지 가족 행사를 위한 음악; 모래놀이영역-여러 방법의 모래놀이 게임, 모래 운반용 장난감과 소도구; 컴퓨터영역-인터넷으로 미국 및 여러 나라/지방의 사이트 안내, 사진/그림 등의 출력물]에 실내를 중심으로 환경구성의 자원을 제시하고 있다.

이와 같이 바람직한 환경 구성을 위해서는 다양한 교육 자료와 교재 교구의 점검, 시각적 · 심미적 환경 구성, 질적인 상호작용을 위한 놀잇감과 자료의 올바른 선택 등이 요구된다. 무엇보다도 발달적 · 문화적으로 적합한 실제를 적용할 수 있는 교사의 다양한 조망 수용 능력이 요구되며 전문성 발달을 위한 조력도 필수적이다.

4. 교수 · 학습 활동의 실제

- **활동 1** 그림 속의 춤
- **활동 2** 신나는 축제가 열리고 있어요
- **활동 3** 담을 아름답게 만들었어요
- **활동 4** 모자는 여러 가지 용도로 쓰이고 있어요
- **활동 5** 풀과 나무로 만들어요
- **활동 6** 색깔 친구

활동 1

그림 속의 춤

생활주제 우리나라/세계 여러 나라

지도요소 문화/다양성

선정이유 세계 공통 언어 중의 하나인 춤은 세계 여러 나라에 공통적으로 존재한다. 사람들은 춤으로 자신의 생각이나 느낌을 표현하기도 하는데 춤을 통해 사람들의 생각이나 느낌을 안다.

활동목표
- 우리나라 춤과 다른 나라 춤의 공통점과 차이점을 안다.
- 우리나라 춤과 다른 나라 춤에 사용된 의상, 소품, 음악 등을 찾는다.
- 함께 춤을 추며 즐거움을 느낀다.

활동자료 우리나라와 다른 나라의 춤이 담긴 그림(민속화, 명화), 춤에 사용된 소품과 악기(부채, 소고, 창, 팔찌, 조개목걸이, 칼, 상모, 소고, 북, 징, 꽹과리 등), 동화책 『드가와 발레리나』(글: 로렌스 안홀트, 그림: 캐서린 안홀트, 출판사: 웅진닷컴, 2001)

환경구성 여러 나라의 악기, 여러 나라의 춤 그림 또는 사진 자료 게시, 춤에 사용된 악기, 춤에 사용된 음악, 춤에 사용된 소품

사전활동 내가 좋아하는 춤
- 동화책 『드가와 발레리나』를 소개한 후 '무대의상을 입은 소녀' 조각상을 찰흙으로 빚어 본다. 그림 속의 춤동작을 따라해 본다.

1. 드가-무대의상을 입은 소녀

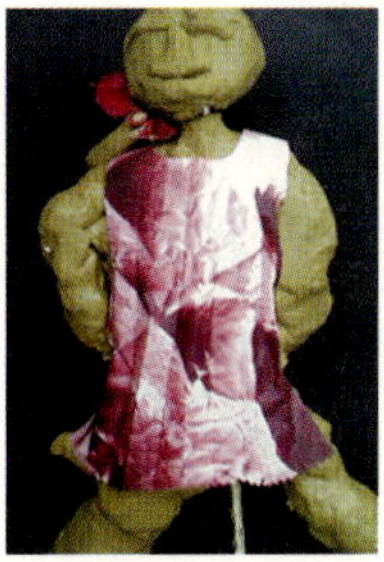

2. 찰흙으로 빚기

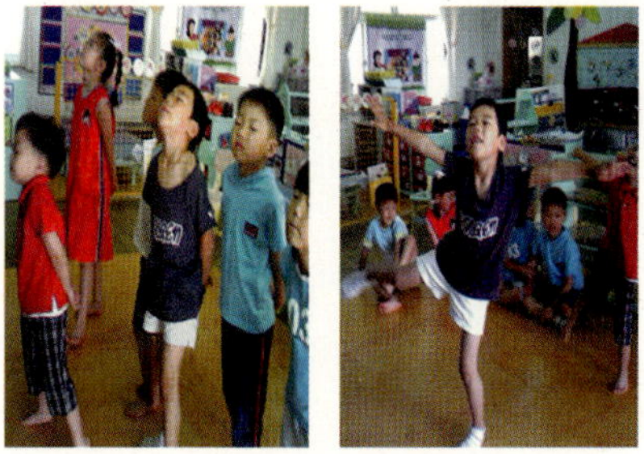

활동 모습

관련활동

이야기 나누기

- 우리나라 지역별 춤, 다른 나라 춤
- 춤에 사용되는 소품이 있어요
- 춤에 사용되는 악기가 있어요
- 그림 속의 춤을 살펴보아요

환경구성

- 우리나라의 춤
- 다른 나라의 춤
- 악기를 이용하여 추는 춤

그림 속의 춤

통합적 접근

〈신체활동〉
- 그림(동양화, 서양화) 속의 춤동작 해 보기

〈수학활동〉
- 스페인의 플라멩코와 한국의 태평무 비교하기

〈조형활동〉
- 춤에 사용된 소품 및 악기 만들기

〈음률활동〉
- 춤에 사용된 음악 감상하기

〈언어활동〉
- 동화 '드가와 발레리나' 들려주기

신체활동

〈자연과 생활에서 아름다움 찾아보기〉	〈예술적 표현 즐기기〉	〈감상하기〉
• 춤 그림 · 사진 속의 움직임 찾아보기 • 춤에 사용된 소품과 악기 찾아보기	• 그림 · 사진 · 동영상 속의 움직임과 춤 표현하기 • 직접 만든 소품, 악기 이용하여 춤 표현하기 • 이야기가 있는 춤 창작하여 표현하기	• 여러 나라의 다양한 춤 감상하기 • 춤에 사용된 음악 감상하기 • 유아들이 표현하는 춤 감상하기

자유선택활동

- **우리나라 춤과 다른 나라 춤 비교하기**(그래프 활동, 수학영역)

  –스페인의 플라멩코와 한국의 태평무 동영상을 감상한 후 벤다이어그램으로 비교해 본다.

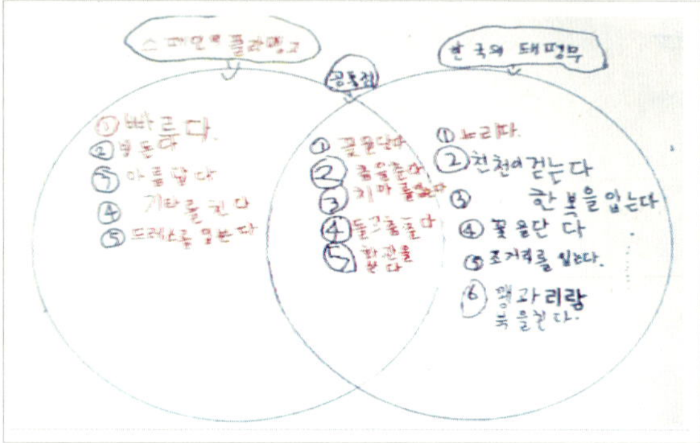

- **춤에 사용되는 소품 만들어 보기**(조형영역)

발레_ 왕관과 발레복 꾸미기

훌라_ 팔찌, 화관, 치마, 조개목걸이 꾸미기

플라멩코_ 치마와 부채 꾸미기

인디언춤_ 인디언 모자와 옷, 방패, 창 등

승무_ 승무 고깔, 한삼 만들기

부채춤_ 부채 꾸미기(동양화와 서양화를 보고 먹물, 물감 이용하여 그리기)

부채춤_ 족두리 만들기

탈춤_ 탈 꾸미기(우리나라 탈과 다른 나라 탈을 살펴보고 꾸며 보기)

- 음률영역: 춤에 어울리는 악기 탐색하기, 연주해 보기

활동방법 그림 속의 춤

① 자연과 생활에서 아름다움 찾아보기: 그림 속 춤추는 사람의 기분에 대해 이야기 나눈다.

✣ 그림 · 사진 속의 우리나라 춤과 다른 나라의 춤 살펴보기

드가_ 무대 위의 무희

드가_ 가로 막대를 잡고 연습하는 무희

드가_ 무용 수업을 받고 있는 장면

드가_ 무대 위의 무희

드가_ 꽃을 든 무용수

드가_ 무대 위에서의 발레 연습

드가_ 아라베스크의 끝남

드가_ 무용수업

드가_ 리허설

모네_ 일본 의상의 여자

윌리_ 플라멩코

로트렉_ 춤추는 잔 아브릴

지곡 정철_ 봉숭아 미인

쇠리_ 샤이 춤을 위한 습작

지곡 정철_ 장구 치는 여인

운보 김기창

신윤복_ 무녀신무

김홍도_ 무동

고구려 무용총_ 무용도

신윤복_ 쌍검대무

탈춤

살풀이

- 무엇을 하고 있는 그림이니?
- 어떤 춤을 추고 있니?
- 이런 춤을 본 적이 있니?
- 너희는 어느 때 춤을 추고 싶니?
- 춤을 추면 기분이 어떠니? 이 사람들의 기분은 어떨까?

✣ 춤에 사용된 소품과 악기 찾아보기

–(앞에 제시된 명화를 보며) 그림 속의 춤은 어떤 소품과 악기들을 사용했을까?

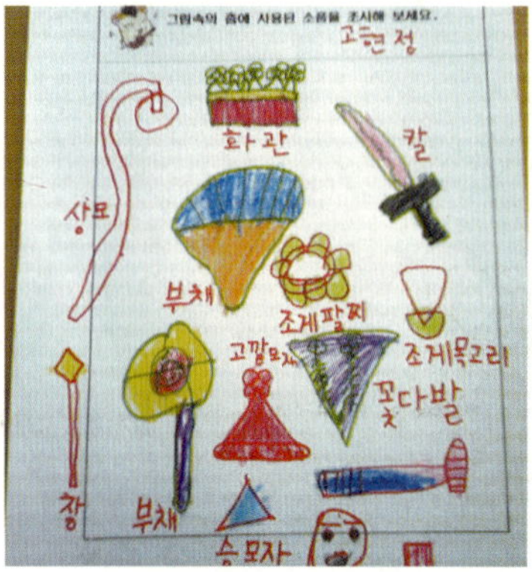

그림 속의 춤에 사용된 소품

그림 속의 춤에 사용된 악기

② 예술적 표현 즐기기: 그림 속의 우리나라 춤과 다른 나라 춤을 동작으로 표현해 본다.

✣ 그림 속의 움직임과 춤 표현하기

탈춤

로트렉_춤추는 잔 아브릴

드가_무대 위의 무희

드가_무대 위의 무희

✣ 내가 만든 소품, 악기로 춤 표현하기

윌리_리빙 더 드림 II

지곡 정철_봉숭아 미인

✣ 춤이 있는 동영상을 보고 움직임과 춤 표현하기

✣ 이야기가 있는 춤 창작하여 표현하기

소그룹으로 음악을 들어 보고 춤에 어울리는 이야기를 꾸며 본다

③ 감상하기: 여러 나라의 다양한 춤, 음악, 친구들의 움직임을 감상해 본다.

✣ 여러 나라의 다양한 춤 감상하기

부채춤

탈춤

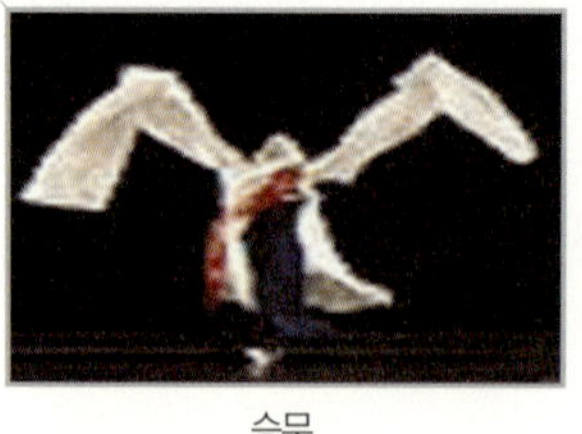

승무

발레

• 출처: www.daum.net

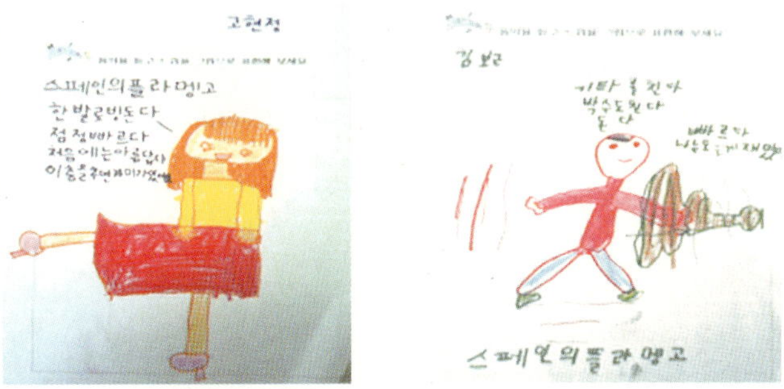

스페인의 플라멩코를 감상한 후 그림으로 표상해 본다.

한국의 태평무를 감상한 후 그림으로 표상해 본다.

✣ 춤에 사용된 음악 감상하기

• 음악을 듣고 난 느낌을 그림이나 글로 표현해 보자.

✣ 친구들이 표현하는 춤 감상하기

① 친구들이 음악에 맞춰 춤을 추는 모습을 감상한다.

② 친구들과 함께 표현한 춤에 대하여 이야기 나눈다.

• 음악에 맞춰 춤을 출 때 어떤 느낌이 들었니?

활동 2

신나는 축제가 열리고 있어요

생활주제 세계 여러 나라

지도요소 문화/다양성

선정이유 가정, 지역, 나라마다 축제를 하는 모습은 다르다. 그러나 다양한 축제를 유아기부터 경험하고 알아봄으로써 서로를 이해하고 동질감을 느낄 수 있다.

활동목표
- 나라마다 다양한 축제가 있음을 안다.
- 축제 때 볼 수 있는 춤, 의상, 음악 등을 감상한다.
- 다양한 축제의 기원과 사랑, 기쁨, 감사, 화합 등의 의미를 안다.
- 다양한 축제의 공통점을 찾는다.
- 축제를 통해 함께하는 구성원들이 동질감을 갖게 됨을 안다.

활동자료 우리나라와 여러 나라 각 지방의 축제 사진자료, 생상스의 '동물의 사육제' CD

활동방법

① (세계의 축제 사진자료를 보며) 축제를 가 본 경험에 대해 이야기 나눈다.
- 너희들은 축제에 가 본 적이 있니? 어떤 축제였니?
- 다른 지방이나 다른 나라에도 축제가 있을까?
- 축제에 가면 어떤 느낌이 들까?
- 축제는 왜 하는 걸까?

② 다양한 축제의 특징에 대해 이야기 나눈다.
- 이 그림은 ㅇㅇ지역에서 ㅇㅇ축제를 하고 있는 모습이에요.
- 사람들이 어떻게 축제를 하고 있니?
- 만약 ㅇㅇ축제에 너희가 초대된다면 어떤 모습으로 가고 싶니?
  –나도 드레스를 입을 거예요.

–얼굴에 검정색을 바르고 머리에 면사포도 쓸 거예요.

• ○○축제에서 무엇을 하고 싶니?

• 너희들이 축제를 연다면 어떻게 하겠니?

③ 축제의 기능에 대해 알아본다.

• 사람들은 왜 축제를 열까?

• 축제에 초대받은 사람들은 어떤 기분일까?

사전 · 사후활동

• 우리 반의 축제 열어 보기(신체표현)

–축제를 위한 소품, 노래, 춤을 준비한다.

① 우리 반 축제 계획을 세운다.

• 우리 반은 어떤 축제를 열어 볼까?

–동물 축제를 해요.

• 무엇을 준비해야 할까?

–집에서 장난감도 가져와요.

–사람들에게 알릴 포스터도 만들어요.

–동물 축제를 위해 동물 가면도 만들어요.

–음식도 준비해요(음식 한 가지씩 준비하거나 만들기).

–축제를 위한 도구를 준비해요(동물 가면, 포스터 꾸미기, 깃발 만들기).

–축제를 위한 노래도 준비해요(생상스의 '동물의 사육제' 음악을 준비한다).

② 축제 음악에 어울리는 동작을 다양하게 표현해 본다.

• 생상스의 '동물의 사육제' 음악을 들으며 동물들의 다양한 동작을 몸으로 나타내 본다.

• 동물들은 어떻게 걸어 다닐까? 동물들의 행진을 해 본다.

• 축제 때 동물들은 어떤 춤을 출까?

③ 우리 반 축제에서 좋았던 점을 이야기해 본다.

• 축제에서 좋았던 점은 무엇이니?
• 축제에서 가장 재미있었던 점은 무엇이니?

활동장면

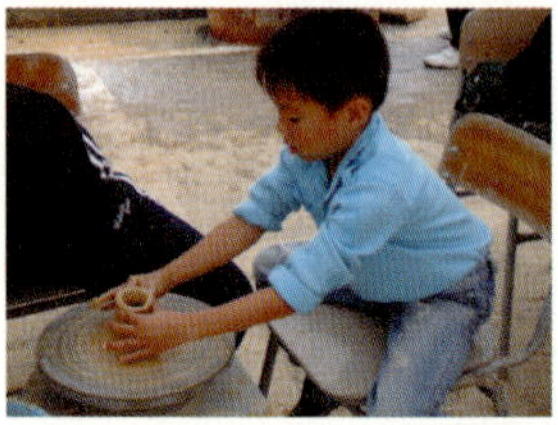
강진 청자 축제에서 도자기 만들기

우리 반 동물 축제-생상스의 '동물의 사육제'에 맞춰 동물 표현하기

활동 3

담을 아름답게 만들었어요

- 생활주제 세계 여러 나라/환경과 생활
- 지도요소 문화/다양성
- 선정이유 우리들은 집, 유치원 등 주변 건물에서 쉽게 담을 접하게 된다. 각 가정, 지역, 나라마다 각각의 담에는 여러 가지 무늬가 있고 유아들은 다양한 담의 무늬와 형태에 관심을 갖게 된다. 따라서 우리나라 각 지방, 다른 나라의 여러 가지 담의 모습을 감상해 보면서 다양한 삶의 모습을 엿보는 기회를 마련하고자 한다.
- 활동목표
  - 여러 가지 무늬와 형태의 담을 감상한다.
  - 담의 다양한 구성방법에 관심을 갖는다.
- 활동자료 우리나라 각 지방과 다른 나라의 담 사진, 지점토, 찰흙도구

그림 1

그림 2

그림 3

그림 4

그림 5

그림 6

그림 7

그림 8

그림 9

그림 10

그림 11

그림 12

활동방법

① 주변에서 볼 수 있는 담에 대하여 이야기 나눈다.

- 우리 유치원으로 오는 길에 어느 곳에 담이 있니?
  –아파트 둘레, 가게 옆, 지하도, 유치원 옆
- 담은 왜 만드는 걸까?
  –차가운 바람을 막아 줘요.
  –다른 사람이 함부로 못 들어오게 하려고요.
- 우리가 살고 있는 집은 어떤 담으로 되어 있니?
  –시멘트, 벽돌

② 그림 자료를 보여 주며 이야기 나눈다.

- (그림 1~7을 보며) 이런 곳을 본 적이 있니?
  –TV에서 봤어요.
  –시골에 가면 볼 수 있어요.

• 이곳에 있는 담은 어떻게 만들었을까?

–돌을 많이 쌓아서요.

• 이렇게 돌로 쌓은 담을 본 적이 있니?

–절, 민속촌

• 돌로 쌓은 담을 보면 어떤 느낌이 드니?

–원시시대 같아요. 옛날 같아요.

• (그림 8, 9를 보며) 이곳의 담은 어떻게 다르니?

–이 담에는 그림이 그려져 있어요.

–더 멋있어요.

• (그림 10을 보며) 이 담은 무엇으로 만들었니?

–벽돌이요.

• 벽돌로 어떻게 담을 만들까?

• (그림 11, 12를 보며) 이 담들을 보고 어떤 생각을 했니?

• 만약 너희가 담을 쌓는다면 어떤 담을 만들고 싶니?

사전 · 사후활동

• 여러 가지 담이나 독특한 바닥이 있는 곳 방문하기(현장학습)

• 여러 가지 담을 쌓고 있는 곳을 방문해서 관찰하기(과학)

• 여러 가지 재료로 담 쌓아 보기(쌓기)

• 다양한 패턴을 계획하여 직접 담 꾸며 보기(수학)

활동장면　담 만들기

여러 가지 무늬와 패턴을 지점토에 그려서 담 꾸미기

초가집 담 완성

활동 4

모자는 여러 가지 용도로 쓰이고 있어요

- **생활주제** 생활도구/세계 여러 나라
- **지도요소** 문화/다양성
- **선정이유** 모자는 다양한 용도로 쓰이고 있다. 생활 속에서뿐 아니라 각 나라마다 전통 모자들이 있다는 것에 관심을 갖고 서로의 문화에서 공통점을 찾을 수 있다.
- **활동목표**
  - 모자의 다양한 종류에 관심을 가진다.
  - 모자의 다양한 용도를 안다.
- **활동자료** 여러 종류의 모자 사진

그림 1

그림 2

그림 3

그림 4

그림 5

그림 6

그림 7

그림 8

그림 9

활동방법

① 자신이 가져온 모자에 대하여 이야기 나눈다.

- 자기 모자를 소개해 보자.
  - 내 모자는 야구 모자인데 흰색이에요.
  - 야구할 때도 쓰고, 멀리 놀러갈 때도 써요.
  - 내 모자는 채광 모자예요.
  - 동물원 갈 때 뜨거우니까 그늘을 만들어 줘요.
  - 나는 겨울에 쓰는 털모자도 있어요.
- 모자는 왜 쓰는 걸까?
  - 더우니까요.
  - 추울 땐 따뜻하라고 써요.
  - 예쁘니까요.
  - 햇빛이 눈부시니까 가리려고 써요.

② 모자의 다양한 용도에 대하여 이야기 나눈다.

- (그림 1을 보며) 이 모자는 무슨 모자니?
  - 야구모자요.
- 야구할 때 모자를 쓰면 어떤 점이 좋을까?
  - 눈이 안 부셔요.
  - 자기편인지 아닌지 알 수 있어요.
- (그림 2를 보며) 이 아저씨는 무슨 일을 하시는 분이니?
  - 요리사예요.
  - 음식을 만들어요.
- 요리사가 이런 모자를 쓴 것을 본 적이 있니?
- 왜 이런 모자를 쓰는 걸까?
  - 요리사라는 것을 알리려고요.
  - 머리카락이 빠지니까요.

- 그럼 요리사처럼 일할 때 꼭 모자를 쓰는 사람들은 누구일까?
  –군인, 경찰, 공장에서 일하시는 분, 광부 아저씨, 소방관 등.
- (그림 3을 보며) 소방관 아저씨가 쓰고 있는 이 모자는 어떤 모자일까?
  –불에 타지 않아요.
  –딱딱해서 잘 안 깨져요.
- (그림 4를 보며) 언제 쓰는 모자이니?
  –겨울에 쓰는 거예요.
  –산타할아버지께서 선물 주러 오실 때 쓰시는 거예요.
- 왜 이런 모자를 썼을까?
  –추우니까요.
  –산타할아버지 표시예요.

③ 세계 여러 나라의 다양한 모자의 특징을 알아본다.
- (그림 5, 6, 7을 보며) 이 모자는 언제 쓰는 거니?
  –졸업식날 쓰는 거예요.
  –생일파티 때 생일 주인공이 쓰는 거예요.
  –결혼식날 쓰는 거예요.
- 왜 이런 모자를 쓰고 있을까?
  –제사, 무용, 축제 때 쓰는 거예요.
- (그림 8, 9를 보며) 이 모자는 누가 쓰니?
  –갓이예요. 옛날 할아버지들이 쓰셨어요.
  –옛날 모자예요. 햇빛도 가려주고 예쁘라고 옛날 여자들이 쓴 거예요.

④ 모자의 기능과 용도에 대하여 확인한다.
- 사람들은 왜 모자를 쓸까?
- 모자는 어떤 일을 할까?

사전 · 사후활동

- 여러 가지 모자 만들어 보기(조형)

  –놀이용, 음률 활동용, 햇빛 차단용 등
- 모자 가게 방문하여 조사하기(현장학습)
- 여러 가지 기준으로 모자 비교, 분류해 보기(수학)

  –재질, 색깔, 모양, 용도 등

자기 모자 소개하기

다양한 종류의 모자 조사하기

- 모자 패션쇼 감상하기(감상)

  –박물관, 패션쇼 등

다양한 모자를 만들어서 패션쇼 하기

활동 5

풀과 나무로 만들어요

- 생활주제 생활도구/세계 여러 나라
- 지도요소 문화/다양성
- 선정이유 유아들이 주변에서 쉽게 볼 수 있는 자연물을 이용한 친환경적인 물건들이 우리나라뿐만 아니라 다른 나라에서도 사용되고 있다는 것을 경험함으로써 우리나라와 다른 나라의 공통점을 찾을 수 있다.
- 활동목표
  - 풀과 나무로 생활에 필요한 물건을 만들어 사용함을 안다.
  - 다른 나라에도 풀이나 나무로 만든 물건들이 있음을 안다.
  - 풀과 나무로 만든 물건의 좋은 점에 관심을 가진다.
- 활동자료 풀과 나무로 만든 생활용품 사진

그림 1

그림 2

그림 3

그림 4

그림 5

그림 6

그림 7

그림 8

그림 9

활동방법

① 풀이나 나무로 만든 물건을 본 경험에 대하여 이야기 나눈다.

- 풀로 만든 물건을 본 적이 있니?
  –짚신, 새끼줄, 소쿠리, 멍석.
- 대나무로 만든 물건을 본 적이 있니?
  –바구니, 침대, 전등갓, 대자리, 피리.

② 우리나라에서 볼 수 있는 풀이나 나무로 만든 물건의 쓰임을 알아본다.

- (그림 자료들을 보여주며) 이것은 무엇이니?
- 무엇으로 만들었을까?
- 어디에 쓰일까?

• 출처: http://blog.daum.net

③ 다른 나라의 풀이나 나무로 만든 물건의 용도를 알아본다.

- (그림 8을 보여주며) 이것은 무엇이니?
  –가방이에요.
- 무엇으로 만들었을까?
  –대나무요.
- 어떻게 사용할까?
  –엄마가 여러 가지 물건을 넣어요.

④ 풀이나 나무로 물건을 만든 이유를 찾

아본다.

- 풀이나 나무로 물건을 만든 이유는 무엇일까?
  - –주변에 많이 있어요.
  - –만들기 편해요.

사전 · 사후활동

- 우리가 사용하는 플라스틱 제품 중 나무나 풀로 만들어 쓸 수 있는 것을 알아보기(조사)
- 종이 만드는 과정 알아보기(과학)
- 대나무로 여러 나라 연 만들기(조형)
- 나뭇가지로 조형물 만들기(조형)

나무로 만들어진 모자 조사하기

대나무로 여러 나라 연 만들기

나뭇가지로 조형물 만들기

• 길게 자른 종이를 엮어서 바구니 짜보기(조형)

• 대나무로 양산 만들기(조형)

• 대나무 스카이콩콩 놀이하기(신체)

• 대나무로 말 타기(신체)

• 대나무용품 가게 놀이(역할)

활동 6

색깔 친구

생활주제 동식물과 자연

지도요소 다양성/편견

선정이유 주변에는 여러 가지 색이 있으며 우리는 색으로 다양한 자연, 사람, 건물 등을 표현할 수 있다. 또한 색은 아름다움을 선물하고 마음을 표현할 수 있다.

활동목표
- 우리 주변에 여러 가지 색이 있음을 안다.
- 자연이 가지고 있는 색의 아름다움에 관심을 가진다.
- 여러 색을 활용하여 자신의 생각이나 느낌을 표현할 수 있다.

활동자료

그림 1

그림 2

그림 3

그림 4

그림 5

그림 6

그림 7

그림 8

그림 9

활동방법

① 여러 가지 색깔의 등(그림 1)을 보며 이야기 나눈다.

- 이 그림은 무엇이니?

  –전등이에요.
- 전등의 색깔이 무슨 색이니?

  –노랑, 주황, 주홍색, 보라색이에요.
- 어떤 색깔의 등이 가장 마음에 드니?

  –분홍색이요.

② 그림에 있는 색깔에 대하여 이야기 나눈다.

- (그림 2를 보며) 이 등의 색깔이름은 무엇으로 할까?

  –붉은 장미색, 개나리 노랑색.
- (그림 3을 보며) 이 과일의 색깔이름은 무엇으로 할까?

  –오렌지 주황색, 사과 빨간색.

③ 유아가 좋아하는 색깔에 대하여 이야기 나눈다.

- ○○는 어떤 색을 좋아하니?

④ 색깔의 기능을 알아본다.

- 색깔은 어떤 일을 할까?

  –물건을 예쁘게 만들어줘요.

색깔 만들기(조형/언어)

✣ 일상생활(자연)에서 볼 수 있는 아름다움을 찾아 자유롭게 표현하고 색깔의 이름을 만들어 본다.

- 3, 4세: 오렌지주황 해님, 하얀 튤립색 베개, 연두초록 모자, 해바라기 분홍 꽃잎, 남보라포도 등

- 5세: 토고선수와 축구공/ 꽃과 무당벌레, 분홍물고기와 톱상어 2호/노랑 꽃, 줄무늬 달팽이 주황나비와 놀란 해님 등

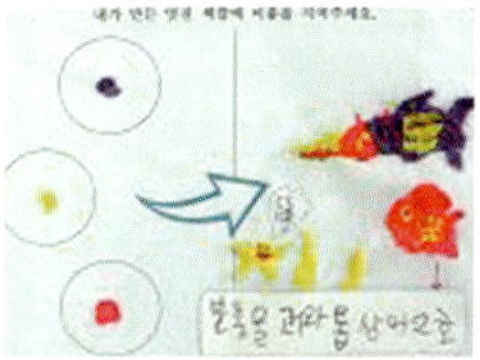

사전 · 사후활동

- 옷감 염색하기(과학)
- 같은 색을 가진 물건끼리 분류하기(수학)
- 좋아하는 색 그래프 그리기(수학)
- 물감 섞어 여러 가지 색 만들기(과학)
- 아름다운 자연 색깔 그림책 만들기(조형)

04_

요리활동의 다문화적 접근

1. 요리활동

요리활동은 유아와 함께 음식의 종류를 알아보고 만들어 보며, 재료의 변화과정을 관찰하는 활동이다. 유아는 계획, 실행, 시식까지의 일련의 과정에 직접 참여함으로써 호기심과 흥미가 유발되어 요리에 대한 관심이 높아진다. 뿐만 아니라 요리활동 과정 중 음식의 재료를 직접 자르고, 섞고, 두드리고, 휘저어 보는 등의 활동을 통하여 감각 기관을 활발하게 사용할 수 있고, 이러한 활동을 통하여 물리적 지식을 발달시킨다(교육부, 2000). 이와 같이 요리활동은 유아의 여러 발달에 도움을 줄 뿐만 아니라 〈표 4-1〉과 같이 교육과정의 여러 영역과 관련해 운영할 수 있다(Hammond, Leeper, Skipper, & Ralph, 1979).

〈표 4-1〉 요리활동과 관련된 교육과정 영역

영 역	내 용
언 어	• 요리 순서도 보며 토의하기 • 지시를 듣고 이에 따르기 • 새로운 낱말 배우기 • 순서도와 조리법 읽기
사 회	• 가정의 활동에 관한 것 알기 • 집단의 한 구성원으로 일하기 • 식품이 운반되는 방법 알기 • 분업에 대해 이해하기
과 학	• 식물이 성장하는 과정 알기 • 사물의 형태 변화 방법에 대해 이해하기
수 학	• 합성물 측정하기 • 양에 대해 이해하기 • 수에 대해 이해하기 • 식품을 판매하고 계량하는 방법에 대해 이해하기
건 강	• 식품과 건강과의 관계 이해하기 • 안전한 요리법과 요리도구 사용법 익히기 • 청결한 요리 준비, 바른 습관 형성하기 • 실제 가치 있는 일을 함으로써 자기 이미지 향상하기

2. 다문화적 요리활동

요리활동은 사람의 가장 기본적인 문화 중 하나인 음식을 통하여 문화에 대한 이해를 넓힐 수 있는 다문화적 접근이 가능한 활동이다. 현대는 일상생활 속에서 우리의 주식인 밥, 김치 등과 함께 스파게티, 피자, 햄버거 등의 다양한 외국 음식들을 쉽게 접할 수 있다. 이처럼 현대의 음식문화는 다국적이어서 다른 나라의 음식에 대하여 유아는 특별한 거부감을 갖고 있지 않다. 따라서 다문화적 요리활동으로 우리나라와 다른 나라의 음식문화를 교육과정에 통합하여 운영할 수 있다. 이를 통해 기후나 환경에 따른 음식의 종류, 유래, 역사 등의 음식문화에 관심이 높아지고 음식의 재료나 조리법, 식사예절 등에 대한 문화를 이해할 수 있게 된다. 예를 들어, '옥수수 요리' 관련 활동으로 과학영역에서는 옥수수의 특성을 조사하고, 건조된 옥수수 열매는 가을에 교실을 장식하는 데 쓸 수 있다. 또한 옥수숫대를 활용하여 악기 연주 등 창의적인 동작활동을 경험할 수 있다. 점심으로는 succotash(서커태쉬-콩요리)라 불리는 옥수수와 리마 콩이 혼합된 음식물을 먹을 수 있고, 조형영역에서는 옥수수껍질 인형을 만들 수 있다. 그리고 옥수수가 포함된 책과 이야기의 주인공을 가장하는 극놀이를 하거나 요리활동에 쓰일 음식을 구입하기 위해 몇몇 아이들과 시장 견학을 할 수도 있다.

이처럼 요리활동은 각 나라와 지방의 독특한 환경에서 발원된 문화를 이해할 수 있도록 도와주며, 다양하고 특별한 음식들을 체험함으로써 문화적 차이를 즐기는 동시에 가장 일반적인 음식을 먹는 활동을 통하여 보편적인 유대감을 형성하게 될 것이다.

3. 교육환경 구성

1) 요리영역

다양한 음식 사진, 요리사 모자, 우리나라 각 지방의 김치 그림, 세계 요리 축제 사진, 행사 때 먹는 음식 사진 및 요리 순서표 등을 게시한다.

2) 역할놀이영역

(1) 다양한 조리도구와 식사용 도구들을 준비한다.
(2) 일본, 중국, 한국 젓가락 등을 선택하도록 제공한다.
(3) 식탁 위에 커다란 플라스틱 수프 대접들을 놓고 칠기 접시들을 놓는다.
(4) 다양한 상차림의 극놀이를 위한 여러 가지 야채와 과일 모형들을 제공한다.

3) 식사(간식)영역

다른 지역에서 생산된 식품으로 구성된 식단과 식품을 제공한다.

4. 교수 · 학습 활동의 실제

- 활동 1 꽃으로 음식을 만들어요
- 활동 2 미역국에 넣는 재료가 다양해요
- 활동 3 내 이름에서 음식을 찾아요
- 활동 4 우리 집 김치를 소개해요
- 활동 5 빵은 세계 여러 나라에서 먹고 있어요
- 활동 6 뷔페에는 여러 가지 음식이 있어요

활동 1

꽃으로 음식을 만들어요

- **생활주제** 계절(봄)
- **지도요소** 문화/다양성/편견
- **선정이유** 화전놀이(삼월 삼짇날)는 쌀가루를 반죽한 뒤 진달래(봄에는 민들레, 가을에는 국화)로 장식하여 전을 부쳐 먹는 우리의 세시풍습이다. 따라서 화전을 만들어 먹는 풍습을 소개하고 꽃을 이용한 여러 모양의 화전을 만들어 우리의 세시풍습을 이해한다.
- **활동목표**
  - 화전놀이의 세시 풍습에 관심을 가진다.
  - 꽃을 이용한 다양한 음식들의 이름과 특징을 안다.
- **활동자료** 진달래 꽃잎, 쑥, 찹쌀 반죽, 여러 모양의 찍기틀, 식용유, 프라이팬, 뒤집개, 참기름, 접시, 그 밖에 식용으로 쓰이는 꽃(장미, 민들레 등)

진달래

국화

장미

민들레

앵초

맨드라미

백년초

세이지

해바라기

비올라

환경구성 화전과 관련된 여러 가지 꽃 요리 사진

여러 모양의 화전과 화채

국화전

제비꽃 화전

꽃 떡

꽃 샐러드

새싹비빔밥

꽃 김밥

활동방법

■ 사전활동: 식용으로 쓰이는 여러 가지 꽃 관찰하기(과학)

■ 이야기 나누기: 화전놀이

① 화전놀이(삼월 삼짇날)에 대한 이야기를 들려준다.

- 오늘(어제)은 무슨 날이니?
- (진달래 화전을 보여 주며) 이 음식의 이름은 무엇일까?
- '진달래 화전' 을 먹어 본 적이 있니?
- '진달래 화전' 은 어떻게 만들었을까?

② 꽃이 들어 있는 음식을 먹어 본 경험에 대해 이야기 나눈다.

- 꽃이 들어 있는 음식을 먹어 본 적이 있니?

③ 식용으로 쓰이는 여러 가지의 꽃들을 보여 주며 이름과 특징에 대하여 이야기 나눈다.

- 이 꽃의 이름, 색깔, 향기는 어떠니?

• 어떤 계절에 피는 꽃일까?

④ 여러 종류의 화전을 하나씩 보여 주며 이야기 나눈다.

• 이 음식(화전)의 이름은 무엇일까?

• 어떤 꽃이 사용되었을까?(진달래꽃, 장미꽃, 제비꽃, 국화 등)

• '장미 화전' 은 어떤 계절에 만들어 먹을 수 있을까?(여름)

• '국화 화전' 은 어떤 계절에 만들어 먹을 수 있을까?(가을)

⑤ '꽃 떡' 을 보여 주며 이야기 나눈다.

• 이 음식의 이름은 무엇일까?(꽃 떡)

• 어떤 꽃이 사용되었니?

• 어떻게 만들었을까?

⑥ 꽃을 활용한 다양한 종류의 음식을 보여 주고 관련 꽃에 대해 이야기 나눈다.

• 이 음식의 이름은 무엇이니?

–장미 쌈밥, 꽃 김밥, 자운영 비빔밥, 꽃 케이크

• 어떤 꽃이 사용되었니?

• 어떤 재료들이 사용되었니?

⑦ 음식에 사용된 여러 가지 꽃에 대해 확인한다.

• 꽃을 이용한 음식 이름을 이야기해 보자.

• 음식 재료로 사용된 꽃에는 어떤 것들이 있는지 이야기해 보자.

확장활동

• 꽃을 이용한 화전 만들기(요리)

• 세계 여러 나라의 꽃 요리 알아보기(조사)

교수 · 학습자료 도우미

화전놀이

화전놀이는 전래 여성놀이의 하나로 화류놀이, 꽃놀이라고도 한다. 여자들이 봄에 산이나 들로 나가 하루를 즐기며 놀던 풍습이다. 본래 한 가문의 남녀가 모여 노는 놀이였으나 가까운 동네의 친한 사람들의 모임으로 변화되면서 여자들의 놀이가 되었다. 추운 겨울이 지나고 따뜻한 봄이 오면 여자들은 음식을 준비하여 밖으로 나가 꽃싸움이나 꽃단치기를 하고, 두견화전을 부쳐 먹었다.

활동 2

미역국에 넣는 재료가 다양해요

- **생활주제** 우리나라
- **지도요소** 문화/다양성
- **선정이유** 우리나라는 생일에 미역국을 먹는 풍습이 있다. 그러나 미역국에 넣는 재료나 끓이는 방법은 지역이나 가정마다 다르다.
- **활동목표**
  - 집집마다 생일을 축하해 주는 방법이 다양함을 안다.
  - 미역국에 들어가는 재료들이 지역이나 풍습에 따라 다양함을 안다.
- **활동자료** 건미역, 미역국 순서도, 미역국 재료(쇠고기, 닭고기, 조개, 새우, 굴, 홍합, 표고버섯, 참기름, 소금, 마늘 등), 냄비, 가스레인지, 부엌 용품(예: 그릇류, 수저, 프라이팬 등), 음식 모형(예: 케이크, 채소, 과일, 생선 등)
- **환경구성** 생일축하 사진 자료를 게시한다.
- **활동방법**

:: 사전활동: 생일축하놀이(역할)

- 교사는 유아가 역할놀이영역에 준비된 케이크 모형에 관심을 보일 때 개입한다.
  - 오늘 누구 생일인가 봐요. 케이크를 사셨군요. 곰돌이 생일이라구요? 그러니까 오늘은 곰돌이가 태어난 날이군요. 아침에 미역국은 드셨어요? 우리 집에서는 생일 아침에 미역국을 먹어요.
- 교사는 자발적으로 놀이에 참여하여 유아들이 '생일 축하 놀이'를 할 수 있도록 돕는다.
  - (음식을 차리는 것을 돕거나 음식을 먹는 시늉을 하며) "어떻게 곰돌이의 생일을 축하해 줄 건가요?"

• 유아와 각자 집에서 생일에 어떻게 지내는지 경험담을 이야기하고 정리한 후 놀이 내용을 제안해 준다.
• 유아가 이야기한 내용대로 '생일 축하 놀이' 를 한다.
– '생일 축하' 노래를 하며 촛불도 끄고 케이크도 나누어 먹는 놀이를 한다.
–생일을 축하하기 위하여 배운 노래를 불러 준다.
–역할놀이에 참여하지 않은 유아도 손님으로 초대하여 함께 놀이할 기회를 준다.
• 놀이가 끝나면 유아는 놀잇감을 제자리에 정리한다.

:: 이야기 나누기: 미역국 끓이기

① 미역국을 먹어 본 경험에 대하여 이야기 나눈다.
• 미역국을 먹어 본 적이 있니?
• 미역국은 언제 먹는 음식일까?
–생일, 엄마가 아기를 낳았을 때, 먹고 싶을 때 먹어요.

② 미역국을 끓일 때 미역과 함께 들어갈 수 있는 재료에 대하여 이야기 나눈다.
• 미역국에는 어떤 재료가 들어갈까?
–미역, 고기, 짭짤한 고기, 바지락, 새우, 멸치, 물
• '닭고기' 가 들어간 미역국을 보거나 먹어 본 적이 있니?
• '버섯' 이 들어간 미역국을 보거나 먹어 본 적이 있니?
• '돔(생선)' 이 들어간 미역국을 보거나 먹어 본 적이 있니?

③ 지역에 따라 서로 다른 미역국 재료에 대해 이야기 나눈다.
• (도시에서 살고 있는 사람들은 마트나 식육점에서 쉽게 구할 수 있는 쇠고기나 닭고기로 미역국을 끓인다.)
고기를 넣고 끓인 미역국을 먹어 본 적이 있니?
• (바다 가까이에 살고 있는 사람들은 바다에서 쉽게 얻을 수 있는 조개나 돔, 굴, 새

우, 홍합들을 넣어 미역국을 끓이고, 제주도에서는 '돔' 이라는 생선을 넣어 미역국을 끓이기도 한다.)

어패류가 들어간 미역국을 먹어 본 적이 있니?

• (버섯은 원래 산에서 구할 수 있지만 요즘은 많은 종류의 버섯들을 하우스에서 재배하고 있어서 고기가 없을 때는 버섯을 넣어 미역국을 끓인다.)

버섯이 들어간 미역국을 먹거나 본 적이 있니?

• (참기름만 넣어 끓이기도 한다.)

미역국을 끓일 수 있는 다양한 재료로 또 어떤 것들이 있을까?

④ 유아가 가장 좋아하는 미역국에 대하여 이야기 나눈다.

• 너희들이 가장 좋아하는 미역국은 무엇이니?

• 어떤 재료가 들어갔을 때 가장 맛이 있었니?

⑤ 유아와 먹어 보고 싶은 미역국에 대하여 이야기 나눈다.

• 먹어 보고 싶은 미역국은 무엇이니?

• 만약 너희가 미역국을 끓인다면 어떤 재료를 넣어 끓이고 싶니?

⑥ 우리 반 친구들이 가장 좋아하는 미역국은 무엇이며, 나와 어떻게 다른지 비교하여 본다.

• 너희가 좋아하는 미역국은 어떤 것이니?

–(좋아하는 미역국에 표시한다.)

• 우리 반 친구들이 가장 좋아하는 미역국은 무엇일까?

–고기가 들어간 미역국이요.

⑦ '쇠고기미역국' 과 '닭고기미역국' 의 같은 점과 다른 점에 대하여 조사해 본다.

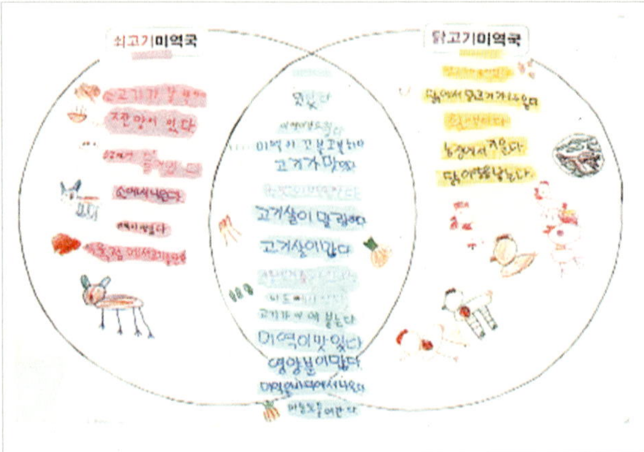

⑧ '조개미역국' 과 '새우미역국' 의 같은 점과 다른 점에 대하여 조사해 본다.

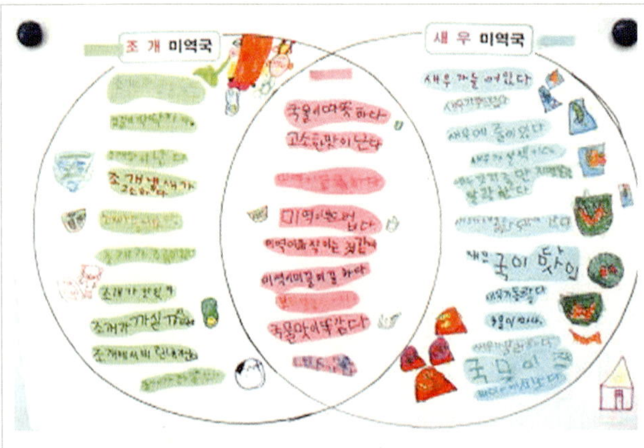

⑨ '닭고기미역국' 과 '표고버섯미역국' 의 같은 점과 다른 점에 대하여 조사해 본다.

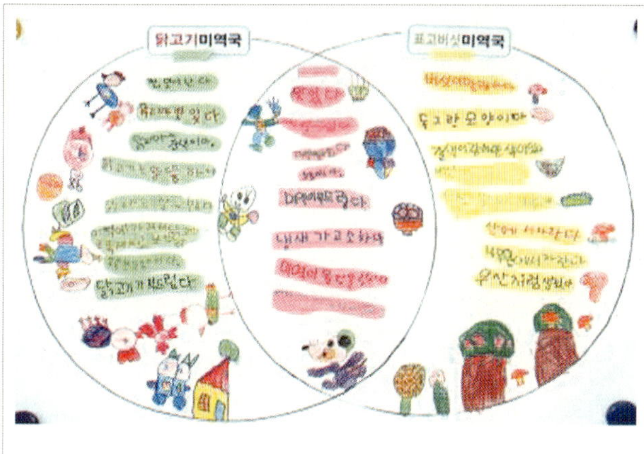

확장활동

- 좋아하는 미역국 끓이기(요리)

사후활동

점심시간에 유아들이 끓인 미역국으로 식사를 할 수 있다.

활동 3

내 이름에서 음식을 찾아요

- **생활주제** 유치원과 친구
- **지도요소** 문화/다양성
- **선정이유** 유아는 자신의 이름에 관심이 많고 음식의 이름에 대한 관심 또한 많다. 이에 유아 자신의 이름에서 음식의 이름을 찾아 연결지어 봄으로써 다양한 음식과 친근감을 가질 수 있고, 자신의 이름에서 독특함을 찾아낼 수 있다.
- **활동목표**
  - 자신과 친구들의 이름에서 차이점을 찾는다.
  - 이름이 들어간 음식에 관심을 갖는다.
- **활동자료** 여러 가지 음식 메뉴판, 활동지, 쓰기도구
- **활동방법**

① 포틀럭 파티(Potluck Party, 미국의 파티 중 하나)에 대한 내용을 유아 수준에 맞게 재구성하여 설명하여 준다.

• 내용: 어떤 기념일에 한 친구가 저녁에 포틀럭 파티를 하자는 제안을 했어. 그리고 장소와 초대할 친구들도 정했지. 그런데 이 파티에는 한 가지 중요한 약속이 있었어. 그것은 바로 파티에 참석하는 친구들이 한 가지씩 음식을 준비해 오는 것이었어. 그리고 더 중요한 사실은 음식을 준비해 오되, 자기 이름의 첫 글자로 시작되는 음식을 한 가지씩 준비해 오는 것이었지. 김철수는 김밥을 만들어 오기로 했고, 김순이는 '김' 자의 'ㄱ(기역)' 이 들어간 '고구마' 를 삶아 오기로 했어. 또 '양무안' 은 '양파주스' 를 준비해 오기로 했지. 그럼, 만약 열 명의 친구들이 모두 모인다면 파티에 준비된 음식의 종류는 얼마나 될까? 그래, 맞아. 열 가지 음식이 간단히 차려질 수 있는 거지. 그래서 친구들은 파티에 참석하기 위해 자신의 이름 첫 글자로 시작되는 음식을 가져오거나 재료들을 준

비하여 직접 만들기로 했어. 그리고 음식들이 차려지고 파티가 시작되면 서로서로 준비한 음식들을 나눠 먹으면서 정말 즐거운 시간을 보내겠지! 그런데 파티가 끝나더라도 할 일이 있어. 참석한 친구 모두 자신이 가져온 그릇들을 꼭 챙겨야 하는 거야. 물론 파티의 뒷정리도 도와주어야 하고……. 그래야 다음에 또 멋진 파티를 계획할 수 있겠지?

② 유아들과 방학 파티(기념일 등)를 계획한다.

- 방학하는 날 만약 우리가 파티를 한다면 어떤 것들을 준비해야 할까?
- 파티에 필요한 음식들은 무엇일까?

③ 유아의 이름으로 음식과 관련한 삼행시 짓기를 해 본다.

- 내 성이나 이름으로 시작된 음식을 찾아보자.
  - 김: 김밥, 김치 등, 양: 양장피, 양파주스 등

④ 성이 같은 친구끼리 모이게 하여 중복을 피하거나 음식 선정에 도움을 주도록 한다.

⑤ 모든 유아가 볼 수 있도록 이름 옆에 준비해 올 음식을 적는다.

⑥ 유아와 그 밖에 꼭 필요한 음식은 무엇인지, 파티에 꼭 필요한 것 중 빠진 것은 없는지 확인해 본다.

- 파티와 음식 준비에 대한 사항은 가정으로 안내하여 부모님의 협조를 구한다.

활동장면

사전 · 사후활동

- 파티 초대장 만들기(조형)
- 파티 계획하고 역할 정하기(조직도 구성)
- 파티 장소 꾸미기(협동)

교수 · 학습자료 도우미

:: 포틀럭 파티

포틀럭 파티(Potluck Party)는 미국 특유의 즐거운 파티 중의 하나다. 참석자가 개인 단위일 경우는 각자 한 가지씩, 가족 단위일 경우는 한두 가지 요리를 지참하고 와서 여는 파티로 사람 수가 많으면 많을수록 또 여러 인종이 모일수록 호화롭고 즐거운 파티가 된다. 요리를 지참하는 데는 두 가지 방법이 있는데 하나는 어떤 요리도 상관없으니 가장 자신 있는 것을 지참하는 방법이다. 주요리가 너무 많거나 샐러드류가 부족한 경우가 있을지도 모르지만 참석자로서는 마음 편히 참여할 수 있다. 다른 하나는 주관하는 사람을 정하고 참석자에게 이러이러한 요리를 가져오면 좋겠다고 할당하는 방법이다. 이 경우는 주요리, 샐러드, 디저트, 음료 등이 균형 있게 모이지만 주관하는 사람은 종류 조정에 신경을 써야 한다. 그리고 파티가 끝나면 참석자 전원이 뒷마무리를 하고 자기가 지참한 그릇들을 갖고 돌아간다.

초청한 친구: "포틀럭 파티를 하기로 했는데 올 수 있니?"

초대 받은 친구: "나는 샐러드, 디저트, 음료수를 가지고 갈게."

또는 "무엇을 가지고 갈까?"

활동 4

우리 집 김치를 소개해요

- **생활주제** 계절(겨울)
- **지도요소** 문화/다양성
- **선정이유** 김치는 우리의 전통음식이므로 유아들과 함께 우리 집 김치를 중심으로 김치의 종류, 담그는 방법, 재료, 영양 등에 대하여 알아본다.
- **활동목표**
  - 우리 집과 친구 집의 김치 담그는 방법의 차이점을 찾는다.
  - 김치의 영양에 대해 관심을 가진다.
- **활동자료** 배추와 절인 배추, 여러 종류의 김치, 김치 재료(배추, 무, 고추, 마늘, 생강, 파, 미나리, 당근 등), 활동지, 쓰기도구, 미술용품
- **환경구성** 김치의 재료와 여러 종류의 김치 사진, 김치 담그는 과정이 담긴 사진
- **관련활동**

김치

환경 구성
- 김치의 종류
- 김치의 재료
- 김치 담그는 과정
- 지역별 김치
- 김치를 이용한 음식

이야기 나누기
- 우리 집의 김치 담그는 법 소개하기

과학
- 배추/절인 배추 관찰하기
- 여러 종류의 김치 관찰하기
- 김치의 재료 관찰하기
- 김치 맛보기
- '김치'와 '기무치' 관찰하기

요리
- 김치 담그기
- 김치를 이용한 음식 만들기
  - 김치 피자, 김치 김밥 등

언어/조형
- 김치 요리책 만들기

수학
- 내가 좋아하는 김치 조사하기
- 우리 집 상차림 조사하기
- 김치를 이용한 음식 조사하기

현장학습
- 김치축제
- 김치공장
- 김치박물관

자유선택활동

- 수학영역 : 내가 좋아하는 김치 조사하기(그래프 활동)
- 과학영역

① '배추와 절인 배추' 관찰하기

② 김치의 재료 관찰하기

- 배추, 무, 파, 미나리, 당근, 고추, 마늘, 생강 등

③ 김치 관찰하고 맛보기

- 깍두기, 배추김치, 무생채김치, 열무김치 등
- 유아가 집에서 준비해 온 김치와 교사가 준비한 김치들을 한 곳에 놓아두고 유아로 하여금 자유롭게 탐색하고 맛을 보도록 한다.
- 유아들이 가져온 김치의 공통점과 차이점을 벤다이어그램에 표현한다.

활동방법

사전활동: 내가 좋아하는 김치는?

- 내가 좋아하는 김치를 활동지에 글과 그림으로 표현해 본다.
- 내가 좋아하는 김치의 이름은 무엇이니?
- 어떤 색깔을 보았니?
- 어떤 재료가 사용되었니?
- 언제 먹어 보았니? 어떤 맛이었니?

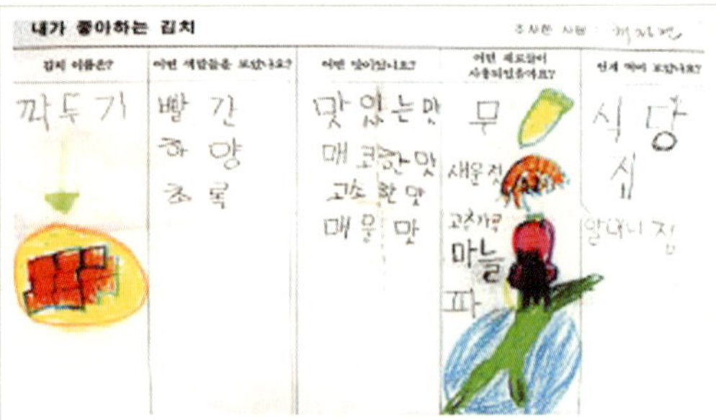

:: 이야기 나누기: 우리집 김치를 소개해요.

① 유아는 사전에 엄마와 함께 우리 집의 김치 담그는 방법을 알아온다.

② 유아가 조사해 온 우리 집의 김치 담그는 방법을 소개한다.

- ○○가 소개한 김치의 이름은 무엇이니?
- ○○의 김치 담그는 방법 중 특별한 점은 무엇이니?

③ 유아들이 소개한 여러 가지 김치 담그는 방법의 공통점과 차이점을 구별해 본다.

- ○○와 ○○의 김치(예: 배추김치와 깍두기) 담그는 방법 중 같은 점은 무엇이니?
  - 소금에 절인다.
  - 네모로 썬다.
  - 조미료를 넣지 않는다.
  - 고추가 들어간다.
- ○○와 ○○의 김치(예: 배추김치와 깍두기) 담그는 방법 중 다른 점은 무엇이니?
  - 재료(양념)가 다르다.
  - 설탕이 들어간다.

④ 같은 종류의 김치인데 만드는 방법이 다른 이유는 무엇인지 이야기 나눈다.

⑤ 김치 양념으로 조미료 대신 들어가는 재료에 대하여 이야기 나눈다.

- 조미료 대신 어떤 재료들이 들어갔니?

⑥ 김치의 재료가 우리에게 주는 영양소에 대하여 이야기 나눈다.

- 고추는 우리 몸에 어떤 영양을 줄까?(비만 방지)
- 멸치나 새우젓이 들어감으로써 우리 몸에 어떤 영양을 줄까?(칼슘)
- 마늘은 우리 몸에 어떤 영양을 줄까?(항암효과)

확장활동

우리나라의 김치와 일본의 기무치 비교하기: 일본에서 우리나라의 '김치' 와 유사하게 만든 '기무치' 에 대하여 이야기를 나눈다.

- '기무치' 에 대해 들어 본 적이 있니?
- '김치' 와 '기무치' 의 다른 점은 무엇일까?

–김치는 한국의 전통 음식이다.

–김치는 고추, 파, 마늘, 생강, 해물 등의 양념이 들어간다.

–김치의 신맛은 젓갈과 자연산을 넣어 만들어진다.

–기무치는 일본에서 우리의 김치를 흉내 내어 만들었다.

–기무치는 겉절이식으로 만들었다.

–기무치는 젓갈에서 만들어지는 신맛을 싫어하여 화학 첨가물로 신맛을 낸다.

사후활동

- 김치 요리책 만들기(언어/조형)

–유아가 만들고 싶은 김치별로 소그룹으로 모이게 한다.

–소그룹에서 김치의 이름과 방법을 정하고 요리책을 만든다.

–완성된 김치 요리책은 언어영역에 비치해 둔다.

교수 · 학습자료 도우미

:: 우리나라의 김치

김치는 대표적인 부식으로 동물성과 식물성 식품을 배합한 음식이다. 주로 추운 겨울에 비타민과 무기질 공급원인 채소 발효 식품 김치에 대한 관심이 최근 들어 높아지고 있다. 김치는 지역에 따라 다른 재료를 사용하기 때문에 모양과 맛이 다르다. 궁중김치는 석류김치(무에 바둑판 모양으로 칼집을 내어 일일이 소를 채워 숙성시킴), 유자동김치, 통배추김치, 강동젓 김치(곤쟁이젓으로 담금), 송송이(깍두기), 장김치(소금 대신 간장으로) 등이 대표적이다. 사찰김치는 사찰마다 각각 독특한 조리법이 있고 산초를 주원료로 동물성 재료나 오신채(파, 마늘, 달래, 부추, 흥거(무릇)), 인공감미료 등은 사용하지 않는다. 향토음식은 자연과 역사, 사회적 환경에 영향을 받으며 정착된 고유한 토착음식으로 향토김치를 경기도, 충청도, 강원도, 전라도, 경상도, 평안도, 함경도, 황해도, 제주도 등으로 나눈다.

- 경기도: 조기젓과 새우젓을 주로 사용하고, 국물이 자작한 담백한 맛의 김치이다. 보쌈김치, 장김치, 강동젓 무김치, 나박김치, 백김치, 오이심치, 수삼나박지, 미삼김치, 호박열무김치, 비늘김치, 용인 외지 순무김치, 채김치, 씀바귀김치, 꿩김치, 동김치 등

- 충청도: 양념은 적게 쓰는 편이고 담백하고 소박한 맛이 특징이다. 특산물인 새우젓을 이용하여 굴깍두기, 호박김치, 늙은호박김치, 섞박지, 시금치김치, 가지김치, 박김치, 돌나물김치 등

- 강원도: 오징어, 명태 등을 많이 사용하고, 식혜가 유명하다. 창난젓 깍두기, 오징어무말랭이김치 등

- 전라도: 간이 세고 매운 맛과 자극적인 맛이 두드러진다. 따뜻한 기후로 고

춧가루, 젓갈을 많이 넣어 오래 저장할 수 있도록 한다. 양념을 넉넉하게 넣고 찹쌀 풀로 농후한 맛을 낸다. 고들빼기 김치, 돌갓김치, 배추포기김치, 갓김치, 해남유자동치미가 유명

- 경상도: 김치에 멸치젓, 갈치젓, 꽁치젓을 사용한다. 깻잎김치, 콩잎김치, 부추김치, 우엉김치, 쪽파김치, 감김치, 마늘줄기김치, 쑥갓김치, 더덕김치 등

- 황해도: 김치는 맵지 않고 시원한 국물맛을 즐겨 동치미를 담글 때 새우젓이나 조기젓 또는 육수를 이용한다. 동치미, 고수김치, 호박김치 등

- 평안도: 싱겁고 맵지 않은 것이 특징으로, 양념과 부재료를 많이 사용하지 않아 담백한 국물맛이 난다. 양지머리를 고아서 기름을 말끔히 걷어낸 육수를 이용한 동치미, 냉면김장김치, 가지김치 등

- 함경도: 간은 심심한 편이고 겨울 음식이 잘 발달했다. 국물을 넉넉하게 하고 간이 약하며 고춧가루도 아주 조금 사용한다. 가지미 식혜, 콩나물김치, 대구깍두기 등

- 제주도: 간이 비교적 짠 편이다. 전복김치, 동지김치, 해물김치, 나박김치 등

• 출처: 김영옥(2002). 유아를 위한 다문화 교육. 서울: 정민사, p. 134.

• 배추를 소금에 절여 김치를 담그는 이유

인류는 수분이 많은 채소류를 오랫동안 보관하기 위한 방법으로 건조시키거나 산이나 소금에 담가 저장하는 방법을 이용하여 왔다. 그중 우리나라(동양)는 소금을 이용한 식염보존권을, 서양은 산을 이용한 산보존권을 형성하며 각각 발달하였다.

활동 5

빵은 세계 여러 나라에서 먹고 있어요

생활주제 세계 여러 나라

지도요소 문화/다양성

선정이유 빵은 일상생활에서 쉽게 접할 수 있고 유아들이 즐겨 먹는 음식 중의 하나이다. 그리고 빵은 특정 나라의 음식을 넘어 세계 여러 나라의 문화에 따라 다양한 형태로 만들어져 우리의 입맛을 자극하고 있다. 이에 유아들이 좋아하는 빵을 중심으로 빵에 대한 다양한 정보를 수집하고 빵과 관련된 문화적 다양성을 안다.

활동목표
- 세계 어느 나라에서나 빵을 먹는다는 것을 안다.
- 다양한 빵의 형태와 모양에 대하여 관심을 가진다.
- 빵의 다양한 종류, 모양, 크기, 맛에 대하여 안다.

활동자료 여러 종류의 빵(붕어빵, 중국의 꽃빵, 프랑스의 바게트, 햄버거 등)

활동방법

① 빵을 먹어 본 경험에 대하여 이야기 나눈다.
- 자기가 가장 좋아하는 빵을 소개해 보자.
  - 크림빵, 피자, 팥빵 등
- 빵을 먹으면 어떤 생각이 드니?
- 사람들은 왜 빵을 먹을까?
  - 배고프니까요, 먹고 싶으니까요.

② 빵의 다양한 모양에 대하여 이야기 나눈다.
- 이 빵의 이름은 무엇이니?
- 이 빵은 어떤 모양이니?
- 이 빵을 먹어 본 적이 있니, 이 빵은 어떻게 먹었니?
  - 중국식당에서 '꽃빵'을 먹어 보았어요.

–프랑스 사람들은 '바게트'를 길거리에서도 들고 다니면서 즐겨요.

– '식빵' 으로 샌드위치를 만들어 먹었어요.

③ 빵의 제조와 판매에 대하여 이야기 나눈다.

- 빵은 어떻게 만들어지는 걸까?
- 이렇게 만들어진 빵은 어디에서 팔까?

④ 추울 때 즐겨 먹는 '호빵'의 특징에 대하여 이야기 나눈다.

- 이 빵의 이름은 무엇이니?
- 이 빵은 어떤 모양이니?
- 먹어 본 적이 있니?
- 언제 주로 먹었니?

–추운 겨울에 먹어요.

⑤ '터키(더운 지방)' 사람들이 즐겨 먹는 '케밥' 의 특징에 대하여 이야기 나눈다.

- 이 빵을 먹어 본 적이 있니?
- 이 빵의 이름은 무엇일까?(케밥)
- 이 빵은 어떤 모양이니?

⑥ '케밥' 의 제조 과정과 특징에 대하여 알아본다.

- 밀이나 쌀로 반죽하여 동그랗게(6인치 정도의 크기) 밀대로 민다.
- 기름을 두르지 않은 프라이팬에서 노릇노릇하게 굽는다.
- 구워진 '또띠아' 여러 장을 공기가 들어가지 않도록 하여 냉동실에 보관한다(마트에서 구입 가능).
- 먹고 싶을 때 꺼내어 취향에 따라 시원하게 야채나 과일, 고기, 생선 등을 넣어 먹는다.
- 케밥은 언제 먹으면 가장 맛이 있을까?
- 케밥은 어떤 지방에 사는 사람들이 즐겨 먹는 빵일까?
  –더운 지방에 살고 있는 사람들이 시원하게 즐겨 먹는 음식이다.

⑦ 유아가 먹고 싶어 하는 빵에 대하여 이야기 나눈다.

- 너희는 어떤 빵을 먹어보고 싶니?
  –케밥, 피자빵, 호빵 등
- 그 빵을 먹고 싶은 이유는 무엇이니?

사전 · 사후활동

- 더운 여름에 시원하게 먹을 수 있는 빵 만들기(요리)
- 제과점이나 빵공장 방문하기(현장학습)
- 빵에 대한 정보자료 모아 보기(조사)
- 점토로 여러 가지 빵 만들기(조형)
- 다양한 모양의 빵을 한 개씩 가져와서 친구들과 함께 맛보기(과학)
- 빵 가게 역할놀이 해 보기(역할)
- 빵과 관련된 동화 듣기(언어)

활동장면

교수 · 학습자료 도우미

:: 멕시코 음식: 토르티야/타코/화이타의 차이

토르티야(tortilla)는 밀전병이고 타코(taco)는 옥수수 전병을 튀긴 것으로 음식점마다 taco shell이라는 커다란 타코 안에 샐러드를 넣어먹기도 하고, 타코 안에 오븐 스파게티를 넣어 먹기도 한다. 일반적으로는 닭고기나 쇠고기, 야채 등을 넣어 같이 먹는데, 샐러드 바에 직접 만들어 먹도록 준비되어 있는 곳도 있다. 그리고 화이타(faghita)는 토르티야에 쇠고기, 야채 등을 넣어 먹는 것인데, 보통 쇠고기, 닭고기, 새우 등은 철판 위에서 익혀 나온다. 이런 멕시코 음식들을 먹을 때는 채 썬 양상추와 함께 사워크림(sour cream: 통감자와도 같이 먹는 시큼한 맛의 크림), 피코데갈로(pico de gallo: 토마토, 양파, 할라피뇽 등을 레몬주스와 소금에 절인 야채), 구아카몰(guacamole: 아보카도로 만든 녹색 크림) 등과 곁들여 먹는다.

활동 6

뷔페에는 여러 가지 음식이 있어요

- 생활주제 건강과 안전
- 지도요소 문화/다양성
- 선정이유 뷔페는 여러 가지 음식을 차려 놓고 먹을 사람이 손수 덜어 먹을 수 있게 한 식당으로 각자의 취향에 맞는 음식을 선택할 수 있을 뿐만 아니라 뷔페가 가진 기능을 통하여 다양한 음식에 친근감을 가질 수 있다. 이에 뷔페에서 함께 음식을 나누면서 자신과 친구의 음식 취향에 대해 관심을 갖는 기회로 삼는다.
- 활동목표
  - 뷔페의 어원에 관심을 가진다.
  - 뷔페의 종류와 특징에 대해 안다.
- 활동자료 뷔페와 관련된 사진자료, 각자 준비해 온 음식

- 활동방법

① 식당에 가 본 경험에 대하여 이야기 나눈다.
- 식당에 가 본 적이 있니?
- 식당에서 무엇을 하였니?

② 뷔페에 가 본 경험이나 알고 있는 것에 대하여 이야기를 나눈다.

• (뷔페의 여러 모습에 대한 자료를 제시하며) 이곳에 가 본 적이 있니?

• 여기서 무엇을 하였을까?

–돌잔치, 할아버지 · 할머니 회갑연, 파티 등을 했어요.

• 이 식당의 이름은 무엇일까?

③ 뷔페의 종류에 대하여 이야기 나눈다.

• 뷔페에서 어떤 음식을 먹었니? 어떤 음식이 있었니?

• 뷔페의 종류에는 어떤 것들이 있을까?

–한식, 고기, 채식, 해산물, 중식, 이탈리아식, 일식 뷔페 등이 있다.

• 뷔페에는 어떤 음식이 준비되어 있을까?

④ 뷔페의 특징에 대하여 이야기 나눈다.

• 일반 식당과 다른 점은 무엇이니?

–많은 음식이 차려져 있어요.

–가격이 똑같아요(음식 값을 한 번만 지불한다).

–○○식당에서는 내가 음식을 주문하면 음식을 갖다 주지만 뷔페는 직접 갖다 먹어요.

–뷔페에서는 음식을 골고루 먹을 수 있어요.

• 뷔페의 좋은 점은 무엇일까?

–내가 좋아하는 음식을 골라서 먹을 수 있다.

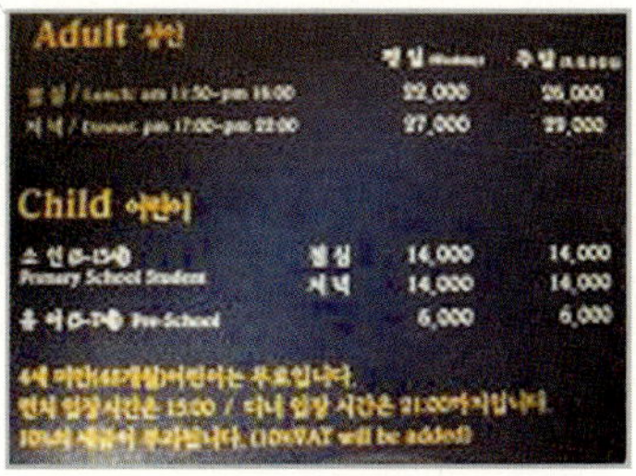

뷔페식당의 음식 가격표

뷔페식당에서 음식을 줄 서서 가져가고 있는 모습

⑤ 뷔페의 어원에 대해 들려준다.

뷔페의 어원은 스웨덴의 'Smorgasbord'에서 비롯된 것이다. Smor란 빵과 버터를 의미하고, Gas는 닭, 오리 등 날개 달린 짐승을 이용한 구이를 의미하며, Bord는 널빤지(탁자)를 의미하는 단어다. 8~10세기경 스칸디나비아 반도의 해적단(Viking)들은 며칠씩 배를 타고 나갈 때 커다란 널빤지에 술과 음식을 한꺼번에 올려놓고 식사를 했다고 한다. 뷔페는 이러한 바이킹들의 식사방법에서 유래한 것으로 이 때문에 일본에서는 아직도 뷔페식당을 바이킹식당이라고 부른다. 일정한 격식을 차리지 않고 간편하게 손님을 접대할 수 있는 것이 뷔페이다. 뷔페는 초청하는 사람이나 초청 받는 사람 모두 가벼운 기분으로 식사를 할 수 있으며, 자신이 직접 음식을 덜어다 먹기 때문에 자기가 선호하는 요리 위주로 먹을 수 있다는 특징이 있다. 그리고 뷔페는 형식에 따라 Sitting Buffet(테이블에 앉아서 식사)와 Standing Buffet(선 채로 식사), 칵테일 뷔페(식사보다는 음료와 안주 위주의 간단한 뷔페)로 구분하기도 한다.

⑥ 식당에서 지켜야 할 식사 예절에 대하여 이야기 나눈다.

⑦ 뷔페에서 맛있게 식사하는 방법에 대하여 이야기를 나눈다.

뷔페 식사를 맛있게 하려면……

☞ 찬 요리와 더운 요리를 한꺼번에 접시에 담지 않아요.

☞ 찬 요리를 먼저 먹고 난 후에 더운 요리를 먹어요.

☞ 어떤 요리든지 한꺼번에 많은 양을 담지 말고 조금씩 자주 가져와요.

☞ 샐러드와 더운 육류 요리를 함께 담지 않아요.

☞ 후식류는 식사의 마지막에 담아 와서 먹어요.

⑧ 상차림을 위해 미리 집에서 준비해 온 음식(한 가지씩)을 소개한다.
- 음식 준비에 대한 사항은 가정으로 미리 안내하여 부모님의 협조를 구한다.

⑨ 가져온 음식을 식탁에 차려 놓고, 유아가 손수 접시에 덜어 먹을 수 있도록

한다.

• 뷔페에서의 예절을 알고 차려진 음식들을 골고루 먹어 보게 한다.

⑩ 활동 후, 뷔페를 이용하는 예절을 알고 잘 실천하였는지 평가한다.

• (셀프서비스인 경우) 지정된 곳에 식기를 반납하였는가?
• (접시가 놓인 곳에서 시계방향으로) 코스에 맞춰 먹을 만큼만 조금씩 덜어다 먹고 남기지 않았는가?

사전 · 사후활동

• 뷔페를 위한 음식 준비하기(요리)
• 뷔페식당 놀이(역할)
• 뷔페식당 꾸미기(쌓기)

교수 · 학습사료 도우미

스모르거스보르드(smorgasbord)

생선과 치즈를 비롯해 뜨겁고 찬요리들이 다양하게 나오는 스웨덴의 뷔페이다. 스웨덴의 여러 지방에서는 식사에 손님들을 대규모로 초대하는 것이 관습이었으며, 음식은 사람들 스스로가 먹을 수 있도록 긴 식탁 위에 차렸다. 18세기 명절식사인 반빈스보르드는 전채요리로 시작했으며 아콰비트, 청어요리, 기타 맛있는 음식들이 나왔다. 현대의 스뫼르고스보르드는 기본적인 빵, 버터, 치즈와 소금 · 식초 · 매리네이드에 절인 청어를 내놓는 간단한 전채요리 식사나, 다양한 방법으로 요리한 청어, 파테(고기파이), 냉육, 샐러드를 포함해서 그라블렉스(매리네이드에 절인 연어), 고기완자, '얀손의 유혹'(감자, 양파, 앤초비, 크림의 찜냄비 요리) 같은 스웨덴 고유음식이 뜨겁게 또는 차게 나오는 정성들인 식사이다.

출처: 다음 백과사전(http://enc.daum.net/dic100/contents.do?query1=b13s0220a)

:: 식당에서의 예절에 대해 더 알아보아요.

1 한식예절

1) 상차림 예절

- 기본 음식인 밥그릇은 먹는 사람의 왼쪽에, 국그릇은 오른쪽에 놓는다.
- 숟가락은 국그릇 오른쪽에 놓으며, 젓가락은 숟가락 오른쪽에 둔다.
- 국물이 있는 음식은 먹는 사람 가까이에 놓고, 국물이 없는 음식은 멀리 둘 수 있다.
- 기본 조미료인 간장, 고추장은 식탁의 중앙이나 먹는 사람 가까이에 놓는다.
- 수육과 젓, 회와 고추장 등과 같이 특정 음식과 관계되는 조미식품은 주식품과 가깝게 놓는다.
- 식어도 관계가 없는 음식을 먼저 차리고 뜨겁게 먹는 음식은 식사 직전에 차린다.

2) 식사 전 예절

- 식사 시 복장은 단정해야 하며 자세를 바르게 한다.
- 식사 전에는 위생상의 이유뿐만 아니라 올바른 태도를 가지기 위해서 손을 씻는다.
- 물수건을 사용할 경우에는 손만 닦고, 손을 닦은 물수건은 잘 접어서 식탁 옆에 놓아둔다.
- 웃어른과 함께 식사를 할 때에는 웃어른이 수저를 든 다음에 들고, 식사를 할 때도 보조를 맞춘다.

3) 식사할 때의 예절

- 같은 음식이라도 맛을 알고 정결하게 먹기 위해서는 한꺼번에 여러 가지

음식을 뒤섞어 먹지 않는다.

- 맛있는 음식만을 골라 먹거나, 뒤적거리며 집었다 놓았다 하는 것은 남에게 불쾌감을 줄 수 있으므로 하지 않는다.
- 한꺼번에 많은 음식을 입에 넣어서 음식이 입 밖으로 튀어나오지 않도록 한다.
- 음식을 먹을 때 소리를 내거나 입 안이 다른 사람에게 보이지 않도록 주의한다.
- 수저가 그릇에 부딪치는 소리나 국을 마실 때 후루룩 소리를 내거나 뜨거운 음식을 불어 대지 않는다.
- 음식을 먹을 때는 몸을 단정히 하고 앉아 음식을 입에까지 가져다 먹는다.
- 식사 중 말을 할 때에는 입 안에 있는 음식을 삼키고 수저를 내려놓고 말한다.

4) 식사 후의 예절

- 식사를 다했다고 하더라도 웃어른이 식사 중일 때에는 자리에서 일어나지 않는다.
- 수저를 식탁 위에 내려놓지 말고 국그릇에 걸쳐 놓았다가 웃어른이 식사를 마친 후에 수저를 내려놓는다.
- 식사를 마쳤을 때에는 "잘 먹었습니다." 하고 인사한다.

2 양식예절

양식의 식사예절은 입장에서부터 디저트까지 일정한 수순에 따라 지켜야 한다.

1) 기본적인 테이블 예절

- 입을 음식으로 가져가 먹지 않는다.
- 식사 중에는 머리에 손을 대지 않는다.
- 식탁에서는 다리를 꼬고 앉지 않는다.
- 즐겁게 대화를 하며 먹는다.
- 식탁에서 컵의 물을 쏟거나 나이프, 포크, 수저 등을 바닥에 떨어뜨릴 경우 줍지 않고 새것을 요구한다.
- 음식을 자기 식으로 먹지 않고, 음식마다의 방법으로 먹는다.
- 먹는 방법을 모를 경우 웨이터나 아는 사람에게 물어도 실례가 되지 않는다.
- 종업원이 서비스하고 있는 도중에는 대화를 하지 않는다.

2) 입장

- 복장은 남성은 정장, 여성은 원피스나 슈트 등이 적당하며, 색상은 검정색이나 흰색 등 단색이 적당하다.
- 식당에 들어가기 전에 준비된 물로 손을 씻고 들어가고, 들어가서 자리를 잡은 후에는 손을 씻지 않는다.
- 들어가기 전에 문 앞에서 종업원이 안내하는 좌석 지정제 식당인지를 확인하고, 좌석 지정제 식당인 경우에는 종업원의 안내 없이 빈자리에 마음대로 앉지 않는다.
- 부피가 큰 휴대물은 클로크룸(cloak room)에 맡기고 들어간다.
- 서양인의 사고에서는 여성이 우선하므로, 여성이 먼저 종업원의 안내를 받아 들어가고, 남자는 뒤따라 들어간다.

- 자리에 앉은 후 주변을 두리번거리지 않는다.
- 웨이터는 소리내서 부르지 않으며, 시선이 마주칠 때까지 기다려서 수신호로 부른다.

3) 메뉴 주문

- 메뉴에 대해서 아는 체하기보다는 모르는 메뉴는 웨이터에게 무엇인지 물어본다.
- 음식을 주문할 때 옆 테이블의 음식과 같은 것을 먹고 싶을 경우, 눈으로 가리키며 묻는 것이 예의이며, 직접 손으로 가리키지 않는다.

4) 나이프, 포크

- 나이프와 포크를 실수로 떨어뜨리면 줍지 않고 웨이터에게 새것을 가져오도록 요청한다.
- 포크는 바깥쪽에 놓여 있는 것부터 사용한다.
- 나이프와 포크를 쥔 채 말하지 않는다.
- 나이프와 포크가 눈앞에서 왔다 갔다 하면 좋지 않다.
- 나이프를 접시 위에 놓을 때는 칼날이 자기를 향해서 놓고 밖으로 놓이지 않게 한다.
- 포크는 뒤집어 놓지 않는다(이는 식사가 다 끝났음을 의미한다).
- 나이프와 포크를 사용할 때에는 부딪히는 소리가 나지 않도록 주의한다.
- 나이프로 스테이크를 자르는 경우, 밀 때 힘을 주고 당길 때 유연하게 하

면 톱질하는 것처럼 보이지 않는다.

- 식사를 다 마치면 포크와 나이프를 나란히 접시 위에 올려 둔다.

5) 냅킨

- 냅킨은 혼자서 먼저 펴지 않으며 반드시 주빈이나 초청자와 맞추어서 편다.
- 냅킨을 식사 중에 테이블에 놓아서는 안 되며, 놓고 싶을 때에는 의자 위에 놓는다.
- 냅킨은 한쪽 귀퉁이를 제한적으로 사용하는 것이 바람직하며 손수건과 같이 전체를 함부로 사용하지 않는다.
- 식사가 끝나면 냅킨을 대충 개서 포크가 놓인 왼쪽 테이블에 놓는다.

6) 수프

- 수프는 소리 내면서 마시지 않는다.
- 뜨거운 수프를 식힐 경우 스푼으로 저어서 식힌다.
- 수프를 흐르지 않게 하기 위해 입을 그릇에 너무 가까이 대지 않는다.
- 수프를 먹을 때 스푼을 빨지 않는다.

• 출처: http://blog.daum.net

부록 1

다문화 소재 참고 사이트

:: 우리 문화 그림책(한국어린이육영회, 2004).

1권: 맛도 좋다, 그치? 2권: 우리 씨름 한판 할까? 3권: 다 숨었니?
4권: 김치를 한 입에 쏙! 5권: 팽이 팽이 돌아라 6권: 팥죽을 끓여 볼까?

:: 축제

허용선(2003). 환희와 열정의 지구촌 축제기행. 서울: 예담.

:: 신발의 역사

로리 롤러 지음, 임자경 옮김(2002). 신발의 역사. 서울: 이지북.

:: 떡

http://tkmuseum.or.kr
http://www.jangkoon.co.kr

:: 차(茶)

http://cafe.daum.net/chasarang
http://dado.yewonkids.co.kr

:: 전통문양

http://www.koreapattern.com
http://ekee.nafeel.net
http://my.dreamwiz.com/dropy

:: 인형

http://www.ilovedoll.co.kr

:: 세계 여러 나라의 우체통

http://www.postmuseum.go.kr
http://kid.mic.go.kr
http://www.encyber.com
http://www.mjausson.com/collections/collection_postboxes.htm

:: 장신구

http://www.wjmuseum.com
http://juyada.mchol.com

:: 가면

http://my.dreamwiz.com/bkaul/bb.html
http://www.tal.or.kr

:: 산타 할아버지

http://www.santakorea.com
http://www.santaletter.co.kr
http://www.santagreeting.net

:: 들꽃

http://www.flworld.com
http://www.w-flower.net
http://www.wildflower.pe.kr
http://www.uesri.re.kr/wildflower

:: 세계의 10대 교량

http://blog.naver.com/eps651/80022737110

다문화교육 관련 국내 석 · 박사 학위 논문 및 학술지 목록(연도순)

〈학위논문〉

소성숙(2008). 다문화 미술활동이 유아의 편견과 자아개념, 친사회적 행동에 미치는 영향. 전북대학교 대학원 박사학위 논문.

전덕수(2008). 유아교사의 다문화교육에 관한 인식 및 실제. 연세대학교 교육대학원 석사학위 논문.

최경숙(2008). 다문화 그림이야기책을 활용한 3C 반편견 교육활동이 유아의 편견감소에 미치는 영향. 계명대학교 교육대학원 석사학위 논문.

최윤영(2008). 유아교사 관련 변인에 따른 다문화 교육에 대한 인식. 계명대학교 교육대학원 석사학위 논문.

김영희(2007). 반편견 동화를 통한 동극활동이 유아의 편견감소에 미치는 영향. 부경대학교 교육대학원 석사학위 논문.

김병순(2007). 다문화가정 자녀의 유치원 생활에 관한 문화기술적 연구. 창원대학교 교육대학원 석사학위 논문.

박미경(2007). 교사를 통해 본 다문화 가정 유아의 특성 및 교사의 어려움: 결혼이민자 가정을 중심으로. 이화여자대학교 대학원 석사학위 논문.

박미자(2007). 반편견 그림동화를 통한 토의활동이 일반유아의 장애인식에 미치는 영향. 전남대학교 교육대학원 석사학위 논문.

송선화(2007). 다문화적 접근을 통한 미술활동이 유아의 창의성 및 미술표상능력에 미치는 효과. 광주여자대학교 교육대학원 석사학위 논문.

신현경(2007). 탐구중심 다문화 교육활동이 유아의 인종 편견과 친사회적 행동에 미치는 영향. 중앙대학교 대학원 석사학위 논문.
이형림(2007). 반편견 그림책을 통한 확장활동이 장애유아에 대한 일반유아의 수용 및 태도에 미치는 영향. 전남대학교 교육대학원 석사학위 논문.
정유진(2007). 반편견 그림 동화를 활용한 이야기 나누기 활동이 유아의 성역할 개념에 미치는 영향. 계명대학교 교육대학원 석사학위 논문.
정영숙(2007). 반편견 그림동화를 통한 토의활동이 유아의 친사회적 행동에 미치는 영향. 영남대학교 교육대학원 석사학위 논문.
최은영(2007). 다문화적 접근에 의한 표현활동이 유아의 창의성에 미치는 영향. 전남대학교 교육대학원 석사학위 논문.
박선영(2005). 다문화 교육활동이 유아의 정서지능에 미치는 영향: 문학과 음악의 통합적인 접근을 중심으로. 신라대학교 교육대학원 석사학위 논문.
김세루(2006). 반편견 그림동화를 통한 토의활동이 유아의 반편견적 인식 및 조망수용능력에 미치는 영향. 전남대학교 대학원 석사학위 논문.
정명혜(2006). 반편견 그림동화를 통한 토의활동이 유아의 자아개념과 사회적 유능감에 미치는 영향. 전남대학교 교육대학원 석사학위 논문.
김옥주(2005). 유아교사의 반편견 교육에 대한 태도 연구. 한양대학교 교육대학원 석사학위 논문.
김종숙(2005). 반편견 그림동화 활동과 유아의 성역할 고정관념 및 자아존중감. 충북대학교 교육대학원 석사학위 논문.
조미현(2005). 반편견 교육에 대한 유치원 교사의 인식과 실태 조사. 한국교원대학교 교육대학원 석사학위논문.
조현자(2005). 다문화접근에 특별한 날(SD) 교육프로그램이 유아의 창의성과 자아개념에 미치는 영향. 숭실대학교 교육대학원 석사학위 논문.
홍미이(2005). 동화를 활용한 반편견 교육활동이 유아의 장애에 대한 태도에 미치는 영향. 여수대학교 교육대학원 석사학위논문.
김미정(2004). 다문화적 요리활동이 유아의 그리기 표현능력에 미치는 영향. 전남대학교 대학원 석사학위 논문.
박수영(2004). 반편견 교육활동이 유아의 창의성에 미치는 영향. 경성대학교 교육대학원 석사학위 논문.
박윤숙(2004). 반편견 교육 관련 학위논문 경향 분석 : 1995–2003년. 아주대학교 교육대학원 석사학위 논문.
신수경(2004). 미술과 소그룹 토의를 통한 반편견 교육활동이 유아의 편견감소에 미치는 영향. 전남대학교 석사학위 논문.
윤승옥(2004). 반편견 그림책을 통한 문학적 접근 교육활동이 유아의 편견해소에 미치는 영향. 목포대학교 교육대학원 석사학위 논문.
이미혜(2004). 다문화 교육에 대한 유치원 교사와 아버지의 인식 및 교육 실제 비교. 가톨릭대학교 교육대학원 석사학위 논문.
정순영(2004). 다문화 그림책을 활용한 교육활동이 유아의 가족구조 및 이혼에 대한 태도에 미치는 영향. 성균관대학교 교육대학원 석사학위 논문.
조향순(2004). 반편견 교육에 대한 유아교육기관 교사들의 인식 및 실태에 관한 연구. 전북대학교 교육대학원 석사학위 논문.
김경은(2003). 유아교육기관에서의 반편견 프로그램 효과 분석. 동국대학교 교육대학원 석사학위 논문.
유혜윤(2003). 전통문양을 활용한 다문화 미술활동의 효과. 덕성여자대학교 대학원 석사학위 논문.
이순행(2003). 반편견 교육과 관련된 어머니의 경험 및 인식 조사. 연세대학교 교육대학원 석사학위 논문.
이정숙(2003). 문화적 접근을 통한 반편견 교육활동이 유아의 자아개념에 미치는 영향. 광주대학교 대학원 석사학위 논문.
임명희(2003). 음악감상을 통한 다문화 교육활동이 유아의 정서능력에 미치는 영향. 전남대학교 교육대학원 석사학위 논문.
정은정(2003). 반편견 동화를 통한 토의활동이 유아의 성역할 고정관념에 미치는 영향. 계명대학교 교육대학원 석사학위 논문.
김 경(2002). 유치원 생활주제와 통합된 반편견(anti–bias) 프로그램의 효과. 전남대학교 박사학위 논문.
김인숙(2002). 가족목각인형을 활용한 반편견(anti–bias) 교육활동이 유아의 친사회적 기술에 미치는 효과. 인제대학교 대학원 석사학위 논문.
박지희(2002). 다문화 반영도서를 통한 토의활동이 인종에 대한 유아의 태도에 미치는 영향. 성신여자대학교 대학원 석사학위 논문.
강신옥(2001). 반편견 교육에 대한 유아 교사 지식 및 유아 교육기관에서의 반편견 교육활동 조사. 건국대학교 대학원 석사학위 논문.
김래경(2001). 반편견 교육에 관한 유치원 교사의 인식 및 실태 연구. 전남대학교 대학원 석사학위 논문.
김윤강(2001). 반편견 그림책과 그림자료를 사용한 이야기활동이 유아의 성역할에 미치는 효과. 신라대학교 대학원 석사학위 논문.
박성연(2001). 그림책을 활용한 다문화 교육 프로그램이 유아의 인종 및 타문화에 대한 태도에 미치는 효과. 성균관대학교 대학원 석사학위 논문.
서숙희(2001). 반편견(Anti-bias) 그림동화에 대한 토의 활동이 유아의 장애인식에 미치는 효과. 건국대학교 대학원 석사학위 논문.
이장우(2001). 유아교육기관에서의 반편견 교육 실태와 인식 연구. 숙명여자대학교 교육대학원 석사학위 논문.
정경자(2001). 다문화적 접근에 의한 요리활동이 유아의 조망수용능력에 미치는 영향. 전남대학교 대학원 석사학위 논문.
정은영(2001). 문학적 접근을 통한 반편견 교육활동이 유아의 장애인에 대한 인식과 태도에 미치는 영향. 서울여자대학교 대학원 석사학위 논문.
최경화(2001). 개작된 전래동화를 활용한 반편견 교육활동이 유아의 성역할 고정관념 감소에 미치는 효과. 부산대학교 교육대학원 석사학위 논문.
최형선(2001). 반편견 그림책을 통한 문학적 접근이 유아의 분배정의 추론에 미치는 영향. 한국교원대학교 대학원 석사학위 논문.
황은숙(2001). 한부모가정에 대한 반편견 유아교육프그램의 개발과 실시조화. 숙명여자대학교 대학원 석사학위 논문.
강정희(2000). 반편견 교육활동이 유아의 친사회적 행동에 미치는 영향: 사연있는 인형을 활용한 활동을 중심으로. 성균관대학교 대학원 석사학위 논문.
양정숙(2000). 포스트모더니즘과 다문화 미술교육의 관련성에 관한 연구. 한국교원대학교 대학원 석사학위 논문.
최연자(2000). 사연있는 인형을 활용한 반편견교육 프로그램이 유아의 장애수용태도에 미치는 효과. 성균관대학교 대학원 석사학위 논문.
하숙현(2000). 다문화 교육에 대한 부모의 인식 및 양육실제 연구조사. 성균관대학교 교육대학원 석사학위 논문.
황은주(2000). 반편견 그림동화를 통한 문학적 접근이 유아의 성역할 고정관념에 미치는 영향. 원광대학교 대학원 석사학위 논문.
강소원(1999). 반편견 사고 게임과 그림 동화 활동이 유아의 성역할 고정관념에 미치는 영향. 한양대학교 교육대학원 석사학위 논문.
김정희(1999). 반편견(Anti-Bias)교육에 대한 유아교사의 인식과 현황 조사. 총신대학교 대학원 석사학위 논문.
손미숙(1999). 반편견(anti-bias) 그림동화가 유아의 장애인 인식과 태도에 미치는 영향. 건국대학교 대학원 석사학위 논문.
양복순(1999). 반편견 교육활동이 유아의 자아개념, 조망수용능력 및 친사회적 행동에 미치는 영향. 명지대학교 대학원 석사학위 논문.
이수미(1999). 미술을 통한 유아의 다문화 교육 프로그램 모형 연구. 덕성여자대학교 대학원 석사학위 논문.
이정희(1999). 반편견 교육활동이 유아의 인종에 대한 고정관념 완화에 미치는 효과. 덕성여자대학교 대학원 석사학위 논문.
엄지숙(1999). 다문화 교육을 위한 유아의 인종인식에 관한 연구. 성신여자대학교 교육대학원 석사학위 논문.
이수미(1999). 미술을 통한 유아의 다문화 교육 프로그램 모형 연구. 덕성여자대학교 대학원 석사학위 논문.
장은하(1999). 다문화 반영도서에 나타난 문학적 · 문화적 특성 분석. 성신여자대학교 교육대학원 석사학위 논문.
채정란(1999). 다문화 교육의 관점에서 본 '우리나라'와 '다른 나라' 생활주제 분석. 한국교원대학교 대학원 석사학위 논문.
정선희(1997). 다문화 교육에 관한 유아교사의 인식과 실태조사. 이화여자대학교 대학원 석사학위 논문.
성구진(1995). 반편견(anti-bias) 그림동화가 유아의 성역할 고정관념에 미치는 영향. 이화여자대학교 대학원 석사학위 논문.

〈학술지〉

강영심, 황순영(2007). 유아기 다문화 교육의 실천으로서 장애유아 통합교육. 미래유아교육학회지, 14(2), 209−230.
김영옥(2007). 다문화 사회의 유아교육과정 방향 탐색. 미래유아교육학회지, 14(3), 45−68.
김희태, 권영덕(2007). 다문화가정 유아의 유아교육기관에의 적응과 변화과정. 미래유아교육학회지, 14(4), 95−117.
이영석(2007). 다문화시대 현장유아교육의 나아갈 길. 미래유아교육학회지, 14(1), 55−75.
한석실(2007). 다문화시대 유아교사교육의 방향 모색. 미래유아교육학회, 14(1), 29−53.
정지현(2006). 유아 다문화교육의 박물관 전시 활용에 대한 질적 연구: 아프리카박물관 전시사례를 중심으로. 유아교육연구, 26(3), 243−270.
정지현(2006). 유아 다문화교육 자원으로서의 박물관 활용에 대한 기초 사례 연구: 아프리카 박물관의 전시사례를 중심으로. 미래유아교육학회지, 13(2), 299−325.
지성애, 정대현, 김경숙, 채영란, 김지예(2006). 유치원과 초등학교의 다문화교육 실태와 교사의 인식 비교. 유아교육학논집, 19(4), 351−369.
윤갑정, 고은경(2006). 다문화적 배경을 가진 유아의 한국 유아교육기관에서의 생활에 대한 질적 연구. 유아교육연구, 26(2), 147−168.
박정옥(2005). 유아의 인종에 대한 선호 경향 분석. 성결교육연구논총, 3(2), 61−73.
민영혜(2004). 빈곤가정에 대한 다문화 교육활동이 유아의 인식변화에 미치는 영향. 경인논총 통권, 11, 111−132.

원계선, 최일선(2004). 그림책을 활용한 반편견 교육활동이 유아의 장애 수용 인식 및 태도에 미치는 영향. 특수교육연구, 11(2), 447-486.

최윤희, 이소현(2004). 장애 유아 통합을 위한 반편견 교육의 동향 및 과제: 최근 10년간 국내 · 외 연구 고찰. 정서 · 행동장애연구, 20(2), 1-26.

최일선(2004). 문학을 통한 다문화교육에 관한 연구. 극동정보대학논문집, 11, 341-354.

김인희(2003). 다문화시대와 아이들. 현대사회문화연구소, 통권 238호, 29-33.

김정원, 류성희(2003). 문학적 접근을 통한 반편견 교육이 유아의 장애, 연령, 외모, 가족구성, 성에 대한 인식에 미치는 영향. 열린유아교육연구, 8(2), 95-112.

정은정(2003). 반편견 동화를 활용한 토의활동이 유아의 성역할 고정관념에 미치는 영향. 아동교육, 12(1), 163-185.

김영옥(2002). 다문화 교육 프로그램 모델 개발 연구. 유아교육학논집, 6(2), 5-38.

이영애, 이현숙(2002). 교육부 「유치원 교육 활동 지도 자료」의 다문화교육내용 분석. 어린이미디어연구, 1, 53-72.

전인옥(2002). 다문화교육적 접근에 의한 유아음악 교사교육 프로그램 개발. 세계 진래동요의 활용. 한국방송통신대학교 논문집, 제 34집, 469-504.

조은진, 정은영(2002). 문학적 접근을 통한 반편견 교육이 유아의 장애인에 대한 인식과 태도에 미치는 영향. 아동학회지, 23(4), 153-169.

황갑신(2002). 유아교육에서의 반편견 교육. 울산광역시 교육과학연구원. 울산교육, 21, 94-96.

안재신(2001). 유아 음악교육의 세계화를 위한 다문화적 접근 프로그램 개발. 음악교육연구, 21(1), 53-74.

유수옥(2001). 반편견 동화에 기초한 문학적 활동이 장애유아에 대한 태도와 사회적 역할 인식에 미치는 효과. 유아교육연구, 21(3), 217-236.

김희태(2001). 유아들의 사회적 상호작용과 다문화의 의미. 영유아보육연구, 7, 1-18.

김민정, 최일선(2000). 신(shoes)주제와 관련된 문학을 통한 다문화교육과정의 접근. 영유아교육연구, 3(1), 83-97.

이기숙, 이경미, 강경아(2001). 요리활동을 통한 다문화교육. 교과교육학연구, 5(2),

21-39.

조용환(2001). 문화와 교육의 갈등-상생 관계. 교육인류학연구, 4(2), 1-39.

조인경(2001). 반편견 교육을 위한 교실 환경 실태 및 교사의 인식. 한국영유아보육학, 25, 259-279.

최연자, 이영석(2001). 사연있는 인형을 활용한 반편견교육 프로그램이 유아의 장애 수용태도에 미치는 효과. 아동학회지, 22(3), 195-209.

김민정, 최일선(2000). '신(Shoes)' 주제와 관련된 문학을 통한 다문화 교육과정의 접근. 영유아교육연구, 3(1), 83-97.

박해미, 정종원(2000). 반편견 교육과정의 적용: 이혼개념을 중심으로. 유아교육연구, 20(4), 127-147.

안재신(2000). 다문화적 접근에 의한 유아음악교육. 숭의논총, 24, 5-32.

윤혜원(2000). 반편견 교육 전략으로서 동화의 활용방안. 한국영유아보육학, 23, 149-169.

이영애, 성원경(2000). 미술감상활동을 통한 다문화 교육 프로그램 개발에 관한 연구. 영유아교육연구, 3(1), 21-37.

이현숙(2000). 유아교육에서의 반편견 교육의 적용. 경복논총, 4, 299-321.

김숙자(1999). 국제화에 따른 사회 문화적 측면에서의 한국 유아교육. 미래유아교육학회지, 6(1), 89-107.

서영숙, 정미리(1999). 독일 '가족교육기관' 의 통시적 분석과 한국가족문화교육 프로그램에의 시사점. 아동학회지, 20(2), 257-268.

유혜령(1999). 소수 민족 유아의 유치원 생활 경험: 현상학적 이해. 교육인류학연구, 2(2), 139-170.

윤여각(1999). 교육인류학에서의 문화 연구. 교육인류학연구, 2(1), 63-89.

이숙재, 장영희, 김혜실, 김정화(1999). 유아의 인종 인식에 대한 연구. 유아교육연구, 19(1), 95-110.

이진화(1999). 유치원 교육과정에서의 다문화/ 반편견 교육내용의 실제. 극동정보대학논문집, 6, 207-229.

정진, 이춘자(1999). 전통놀이를 이용한 반편견교육과정 개발에 관한 연구-탈을 중심으로-. 영유아교육연구, 2(1), 147-164.

양옥승(1997). 유아교육과정 연구의 재개념화 III: 다문화주의의 적용. 덕성여자대학교 교육연구소. 교육연구, 5, 49-66.

장영희(1997). 유아를 위한 다문화 교육의 개념 및 교수방법에 대한 이론적 고찰. 성신여자대학교 연구논문집, 35(1), 295-314.

양옥승(1997). 유아교육과정 연구의 재개념화 III: 다문화주의의 적용. 덕성여자대학교 연구소. 교육연구, 5, 49-66.

장영희(1997). 유아를 위한 다문화 교육의 개념 및 교수방법에 대한 이론적 고찰. 성신여자대학교 연구논문집, 35, 295-314.

김영옥, 최미숙(1995). 유아기 민주시민 교육의 내용, 방법 및 교사의 인식에 관한 연구-다문화적 관점을 중심으로-. 유아교육연구, 15(1), 39-58.

부록 3

우리나라 전통놀이와 유사한 세계 여러 나라 놀이

딱지치기

우리나라의 딱지치기는 지역에 따라 '표치기', '때기치기', '땅지치기' 등으로 불린다. 일본에도 딱지치기가 있다. '멘코'라고 불리는 일본 딱지치기는 종이, 납, 생철, 나무 등 만드는 재료가 다양하고 모양도 원형과 장방형 두 가지이다. 재료의 차이는 있지만 놀이 방법은 우리나라의 '딱지치기'와 비슷하다.

투호놀이

중국과 일본에도 투호놀이가 있다. 중국의 투호놀이는 우리나라와 같이 병에 던지기라는 뜻으로 '투호(投壺)'라고 불리고, 일본에서는 '츠보우치(投壺)'라고 한다. 놀이 방법은 꽃병 같은 데다 화살을 꽂는 것으로 우리나라, 중국, 일본이 모두 비슷하다.

긴 줄넘기

중국과 일본에도 긴 줄넘기 놀이가 있다. 중국에서는 '도백색(跳百索)'이라 부르고 대보름을 경축하는 대표적인 놀이이다. 일본에서는 줄 길이에 따라 짧은 줄넘기, 긴 줄넘기라고 부르고 놀이 방법은 우리나라와 비슷하다. 긴 줄넘기는 서양에서 더 발전한 놀이로, 두 개의 줄을 함께 돌리기도 하고 재주를 부리면서 돌리기도 한다. 우리가 잘 아는 '꼬마야 꼬마야'도 서양노래인 'Teddy Bear(곰 인형)'를 우리 식으로 바꾼 것이다.

비석치기 놀이

태국과 독일에도 비석치기 놀이가 있다. 우리나라는 돌을 이용하여 놀이를 하지만 태국의 치앙마이 산족 라후족은 납작한 열매를 이용하여 놀이를 하고, 독일에서는 솔방울, 조개껍질 등을 이용하여 비석치기 놀이를 한다.

제기차기

세계 여러 나라에도 제기차기가 있다. 중국에서는 '축국', 일본에서는 '하네츠키', 미국에서는 '해키색', 영국에서는 '셔틀콕', 동남아시아에서는 '세팍타크로', 인도에서는 '푸나', 뉴질랜드에서는 '볼터칭', 부탄에서는 '중키'라고 불린다. 놀이 방법에 있어서 약간의 차이와 이용 도구의 차이가 있을 뿐 작은 주머니를 몸의 일부를 사용하여 땅에 떨어뜨리지 않는 것은 비슷하다.

사방치기

세계 여러 나라에도 사방치기가 있다. 영국, 미국, 스위스, 프랑스에서는 '홉스코치(hopscotch)'라고 불리고, 독일에서는 '힝크슈필(Hinkspie)'이라고 하며, 필리핀에서는 '피고(piko)'라고 한다. 놀이 방법은 땅에 그은 신을 뛰어넘는 것으로 긴에 숫지를 적고 돌을 던져 주워오는 식으로 모두가 비슷하다.

연날리기

세계 여러 나라에도 연날리기가 있다. 인도네시아, 말레이시아, 인도, 유럽, 아라비아, 나폴리, 뉴질랜드, 파키스탄, 일본, 중국, 그리스, 말레이반도, 파푸아뉴기니 등 세계 각지에서 행해지고 있다. 연을 날리는 의미는 각국마다 다르지만 만드는 방법과 놀이 방법은 비슷하다.

칠교놀이

세계 여러 나라에도 칠교놀이가 있다. 중국에서는 우리와 같이 '칠교놀이'로 불리고, 서양에서는 '탱그램(Tangram)'이라고 한다. 칠교놀이는 여러 모양의 그림이 그려진 칠교도를 보고 일곱

가지의 다양한 조각으로 구성해 보는 놀이이다. 동서양을 막론하고 많은 사랑을 받고 있다.

윷놀이

세계 여러 나라에도 윷놀이가 있다. 우리나라의 윷놀이는 세계 모든 놀이의 원형으로 인도에서는 '파치시(pachisi)'와 '차우자(chausar)', 멕시코에서는 '꾸일리치'와 '빠똘리', 중국에서는 '격양'이나 '저포'와 비슷하고, 몽고의 '살한'이라는 놀이와도 비슷하다. 그리고 서양의 체스나 일본의 야사스카리 무사시(八道行成)도 우리나라의 윷놀이에서 발전했다.

씨름

일본에도 씨름이 있다. '스모'라고 불리는 일본 씨름은 시작하기 전에 여러 가지 의식을 하는데 소금을 시합장에 뿌리는 것은 나쁜 화와 악령을 없애기 위함이고, 선수들이 손뼉을 치고 팔을 벌리며 다리를 들어올렸다 내리는 동작은 신에게 감사하는 뜻이다. 그리고 상을 받을 때 중간, 왼쪽, 오른쪽 순서로 손을 긋는 동작은 승리의 3신에게 감사를 하는 의미이다. 경기 중 밖으로 먼저 나가거나 발바닥 외의 신체 부위가 먼저 바닥에 닿으면 지게 된다. 또 허리 높이 보다 더 높게 들리면 패하게 된다.

몽골에도 씨름이 있다. '부흐(Buh)'라고 불리는 몽골 씨름은 축제 때마다 빠지지 않고 행해지는 모든 국민들에게 사랑을 받는 운동 경기이다. 소매가 달린 조끼와 짧은 반바지에 가죽 반장화를 신고 경기를 한다. 서로 떨어져서 양팔을 들고 서 있다가 상대방의 윗옷을 잡고 다리를 걸어 비틀기도 하고 던지기도 하는데 상대를 넘어뜨려서 팔꿈치와 무릎사이의 어떤 부위라도 땅에 닿게 하면 이기게 된다.

러시아에도 씨름이 있다. '삼보(Sambo)'라고 불리는 러시아 씨름은 처음에 자기 방어를 위한 신체 훈련으로 시작되었다. 유도복과 비슷한 옷을 입고 상대방의 등이 완전히 땅바닥에 닿거나 넘어지게 만들면 시합을 멈추고 점수를 매긴 다음 다시 진행된다.

터키에도 씨름이 있다. '카라쿠지크(Kara Kucak)'와 '야울귀레쉬(Yagli Gures)'라고 부르는데 카라쿠지크는 레슬링과 비슷하고 야울귀레쉬는 온몸에 올리브 오일을 발라 서로의 몸을 잡을 수 없도록 하고 경기를 한다. 짧은 가죽 바지를 입고 풀밭에서 경기를 하며 한 선수의 양 어깨가 바닥에 닿으면 승부가 결정된다.

스위스에도 씨름이 있다. '쉬빙겐(Das Schwingen)'이라고 불리는 스위스 씨름은 산에 있던 목동들이 심심할 때 서로의 힘을 겨루기 위해 시작한 것에서 비롯되었다. 긴 바지에 소매가 짧은 윗옷을 입고 운동화를 신으며 서로 잡을 수 있게 짧은 바지를 덧입는다. 상대방의 등이나 목, 양어깨가 땅바닥에 닿으면 지게 된다.

아이슬란드에도 씨름이 있다. 상대에게 해를 가하기 위한 씨름인 '팽(Fang)'과 재미를 위한 씨름인 '글리마'로 불린다. 아이슬란드는 날씨가 춥기 때문에 몸을 덥게 하기 위해 씨름을 많이 했다. 특별한 경기복장은 없고 가죽 혁대를 만들어 서로 잡고 경기를 했다. 팔꿈치나 무릎 이상이 몸의 일부분과 함께 땅바닥에 닿으면 지게 된다.

스페인에도 씨름이 있다. '루차카나리아(Lucha Canaria)'라고 불리는 스페인 씨름은 스페인령인 카나리아 제도에서 원주민의 전통적인 민속경기가 대중화되어 스포츠로 발전된 것이다. 질기고 튼튼한 셔츠에 짧은 반바지를 입으며 반바지의 끝은 여러 번 말아 올려 잡을 수 있게 만들었다. 경기장 밖으로 밀려 나가면 지게 된다.

남미에도 씨름이 있다. 아마존강 근처에 살고 있는 원시 부족도 씨름을 한다. 이들은 먹이를 얻거나 적으로부터 몸을 보호하기 위해 씨름을 해 왔다. 엎드린 자세로 서로 대치하다가 서로 밀고 당기고 상체 부분이 땅바닥에 먼저 닿거나 우세한 경기를 치르는 사람이 이기게 된다. 씨름은 남자들이 성인으로 인정받아 결혼을 할 수 있게 하는 가장 중요한 행사의 하나였다.

세네갈에도 씨름이 있다. 주로 수확제 때 마을 간 대항 경기로 행해지는 씨름은 대지에 감사하는 마음을 갖고 성스러운 의식을 하면서 시작한다. 특별한 준비 자세가 없고 상대와 거리를 재면서 서로 뛰어 상대방이 쓰러질 때까지 계속 싸운다.

다음의 사이트를 참고해 보세요.

국가문화유산종합정보서비스 http://www.heritage.go.kr/tra/tra_ani_life_exp.jsp

놀이연구회 놂 http://www.nol2i.com

놀이터 http://www.noriteo.lil.to

어린이민속박물관 http://www.kidsnfm.go.kr/folk/play/play14.htm

우리의 놀이문화 원형을 찾아서 http://www.kaoreangame.net

전통문화 민속놀이 http://www.gojb.net/culture/menu8/index.jsp

조선육백년사 http://seoul600.visitseoul.net/seoul-history/sidaesa/txt/5-9-7-2.html

한국민속연보존회 http://www.koreakite.or.kr

한국씨름연구소 http://ynucc.yeungnam.ac.kr/~ssi

한국의 전통놀이 http://www.koreandb.net/KNori/koreandb.net/KNori-yeon.htm

부록 4

명화를 활용한 다문화적 접근

1. 나만의 해바라기를 그려요

:: 지도요소

문화/다양성

:: 선정이유

그림마다 주제가 있고, 같은 주제라도 작품에 담긴 의미가 모두 다르다. 즉, 작품을 묘사하고 표현하는 방법에는 독특하면서도 다양한 개인의 생각들이 그림 속에 표현된다. 이에 명화를 바르게 감상하는 과정을 통하여 작품들 모두는 소중하고, 존중받아야 할 가치가 있음을 이해하도록 한다.

:: 활동목표

- 명화를 감상하며 아름다움을 느낀다.
- 명화의 아름다움에 대한 느낌이나 생각을 말로 표현할 수 있다.
- 자신의 생각이나 느낌을 그림으로 독특하게 표현할 수 있다.

:: 활동자료

저녁노을 사진, 고흐의 명화 '해바라기' 작품들

우리나라의 명화(김홍도의 작품)와 세계의 명화 그림

그림 1_ 저녁노을의 사진

:: 활동방법

① 노을에 대해 이야기 나눈다.

• 이런 하늘을 본 적이 있니?

• 언제 보았니?

–밤에 보았어요.

–낮이 지나면 이렇게 돼요.

• 이 사진 속의 하늘은 어떤 색깔들을 하고 있니?

–빨간색이 아주 많아요.

–노란색도 조금 보여요.

② 고흐에 대한 이야기를 들려준다.

어느 날 저녁, 지평선 끝에 빨간 해님이 하늘을 온통 빨갛게 물들이고 조용히 가라앉으려는 순간이었어요.

"야, 저것 좀 봐! 얼마나 아름다우니?"

풀밭에서 공차기를 하며

"어쩌면 저녁 해가 저렇게 빨갈까?"

아이들은 저마다 한마디씩 말을 했어요.

"정말 아름답구나!"

"정말 빨갛지?"

그러자 아까부터 숨을 죽이고 뚫어지게 저녁 해를 바라보고 있던 한 아이가,

"아니야, 저건 빨강 빛이 아니고 노랑 빛이야."라고 했어요.

"뭐? 노랑 빛깔이라고? 네 눈엔 저게 노랗게 보이니?"

다른 아이들은 놀란 얼굴로 그 아이를 쳐다보면서 물었어요.

"보이는 게 다 뭐냐? 정말 빛깔이 노랑인데……."

"뭐라고? 저건 누가 보든지 빨강 빛깔이야. 그렇지 얘들아?"

"응, 그렇고 말고. 저건 빨강이야."

많은 아이들은 모두 빨강 빛깔이라고 말을 했어요.

이렇게 저녁 해를 노랑 빛깔이라고 우겨대던 그 아이는 꼼짝도 하지 않고 서서 저녁놀을 바라보고 있었어요.

이 어린아이가 바로 뒷날 세계적으로 유명한 화가가 된 빈센트 반 고흐랍니다.

반 고흐는 이렇게 친구들과 다른 생각을 하기 시작했고, 자신만의 그림을 그리기 시작했으며, 훌륭한 화가가 되었답니다.

③ 반 고흐의 사진을 보여 주며 유아들이 궁금해하는 것에 대해 알려 준다.

- 이 사람은 어떤 나라에서 태어났을까?
  - 네덜란드
- 지금은 돌아가셨음을 알려 준다.

그림 2_ 고흐의 초상화

④ '해바라기'에 대해 이야기 나눈다.

- 해바라기를 본 적이 있니? 어디서 보았니?
  - 도로에서, 교회에서, 꽃밭에서 보았어요.
  - 우리 집 마당에도 피었어요.

⑤ 반 고흐의 명화 중 '해바라기'에 대해 소개한다.

- 이 그림의 제목은 무엇일까?
- 누가 그린 그림일까?

⑥ 고흐의 '해바라기'를 감상하며, 표현하는 방법에 따라 느낌이 다를 수 있음을 알게 한다.

그림 3 _해바라기 1

그림 4_ 해바라기 2

그림 5_ 해바라기 3

- 이 그림(그림 3)에서 고흐 선생님은 해바라기를 어떻게 표현하셨니?
  –예뻐요, 잘 그렸어요.
- 어떤 색깔들이 보이니?
  –주황색도 있고, 노란색도 있어요.
- 또 어떤 해바라기들을 그리셨니?
  –시든 것도 있고, 안 시든 것도 있어요.
  –물을 안 줘서 시들었어요.
- 바탕색은 무슨 색이니?
  –흰색이에요.
- 바탕색을 흰색으로 하니까 어떤 느낌이 드니?
  –햇빛이 비치는 것 같아요.
- 이 그림(그림 4)에서는 고흐 선생님이 해바라기를 어떻게 표현하셨니?
  –주황색 해바라기가 예쁘게 보여요.
  –바탕색이 초록이어서 숲속 같아요.
- 이 그림(그림 5)은 해바라기를 어떻게 표현하셨니?
  –다른 해바라기들과 달라요.
  –시든 것 같아요.
  –시들어서 떨어진 것도 있어요.

–바탕색이 남색이니까 깜깜한 밤 같아요.

–나는 우주 같아요.

⑦ '해바라기' 작품들의 같은 점과 다른 점들을 찾아본다.

• 이 해바라기 그림들의 같은 점은 무엇이니?

–씨가 있고, 꽃병이 같아요.

–모두 해바라기를 그렸어요.

• 이 해바라기 그림들의 다른 점은 무엇이니?

–색깔이 주황색이고 노란색이에요.

–활짝 핀 것도 있고 시든 것도 있어요.

–아직 피지 않은 꽃도 있어요.

• 왜 고흐 선생님은 해바라기 그림을 모두 다르게 그리셨을까?

–여러 가지로 그리고 싶어서요.

–여러 가지로 그리면 예쁠 것 같아서요.

–해바라기를 아침이랑 낮이랑 밤에 보면 모두 다르게 보이니까요.

⑧ 유아들과 자신만의 해바라기를 그려 보도록 한다.

• 만약 지금 너희들이 고흐 선생님이라면 어떤 해바라기를 그릴 수 있을까?

• 색도화지의 배경을 이용하여 해바라기를 표현하도록 한다.

:: 유아 활동 작품

유아 1. 배경을 흰색으로 표현한 유아

유아 2. 배경을 노란색으로 표현한 유아

유아 3. 배경을 분홍색으로 표현한 유아

유아 4. 배경을 하늘색으로 표현한 유아

2. 서양(고흐)의 명화를 감상하고 이야기 만들기

① 고흐의 다른 명화들을 이용하여 만든 이야기를 들려 준다.

해바라기 열두 송이가 햇빛을 향해 기대어 있어요. 다섯 송이는 활짝 피어 있고, 일곱 송이는 단단히 오므리고 있어요.

꽃밭에는 흰색, 보라색, 빨간색 꽃잎이 활짝 피어 있어요.

나무에는 과즙이 많은 과일들로 가득해요. 그리고 우리는 바구니에 그것들을 가득 담아요.

그러나 우리가 이러한 꽃, 과일, 식물들을 갖기 전에 씨 뿌리는 사람이 아주 많은 씨앗들을 뿌렸어요.

건초더미는 잠꾸러기나 피곤한 몸을 위해 편안한 침대가 될 수 있어요.

별이 빛나는 조용한 밤이 되고, 식물과 씨앗 그리고 수확된 모든 것들은 쉼 쉬는 시간이 있어야 자란대요.

② 고흐의 명화를 이용하여 이야기를 다시 만들어 본다.

3. 우리나라(김홍도)의 명화를 감상하고 이야기 만들기

① 우리나라의 명화(김홍도)를 소개한다.

② 유아들과 그림 속의 사건이나 상황에 대해 이야기 나눈다.

- 이 그림의 제목은 무엇이니?
- 이 그림 속에는 어떤 이야기가 있니? 생각나는 것은 무엇이니?
- 이 그림을 보고 더 알 수 있는 것은 무엇이니?

〈이야기 나누기 활동의 예〉

장면 1

그림에 대한 유아의 반응

제목: 씨름

· 씨름은 신발을 벗고 합니다.
· 모래장에서 합니다.
· 모자도 벗고 합니다.
· 사람들이 많이 모여서 응원을 합니다.
· 샅바를 허리춤에 감고 합니다.
· 엿장수가 엿을 팔고 있습니다.
· 씨름은 두 명이 하고 한 명은 심판을 봅니다.
· 손이 땅을 짚거나 넘어가면 지게 됩니다.
· 넘긴 사람이 우승을 합니다.

장면 2

그림에 대한 유아의 반응

제목: 빨래터

· 시냇가에서 빨래를 합니다.
· 빨래가 보따리처럼 많이 있습니다.
· 돌이 넓적해야 빨래하기가 쉬워요.
· 빨래를 돌에 펴서 방망이로 두들깁니다.
· 옷이 젖을까 봐 팔까지 걷어 올립니다.
· 둥글둥글 돌리면서 빨래의 물을 빼고 있습니다.
· 바위에 빨래를 널어서 말리기도 합니다.

장면 3

그림에 대한 유아의 반응

제목: 활쏘기

· 사람들이 활쏘기를 합니다.
· 다른 사람은 돌에 앉아서 피리를 붑니다.
· 활과 화살이 필요합니다.
· 선생님이 활 쏘는 것을 도와줍니다.
· 선생님에게 활 쏘는 법을 배우고 있습니다.
· 화살은 뾰족합니다.
· 활을 쏠 때는 두 손을 사용합니다.
· 활은 갈매기 모양을 하고 있습니다.

장면 4

그림에 대한 유아의 반응

제목: 서당

· 옷이 다른 아이가 있습니다.
· 모두 열심히 공부를 합니다.
· 어떤 아이는 울고 있습니다.
· 공부를 틀려서 선생님에게 혼이 났습니다.
· 선생님이 공부를 가르칩니다.
· 선생님은 책상이 있습니다.
· 친구가 울어서 선생님이 슬픈 표정을 합니다.
· 책을 펴서 공부를 합니다.
· 책상 옆에는 회초리가 있습니다.
· 모자를 쓴 아이도 있습니다.

장면 5

그림에 대한 유아의 반응

제목: 밭 갈기

· 사람이 소를 끌고 있습니다.
· 소를 끌어 땅을 파고 있습니다.
· 더워서 웃옷을 벗은 농부아저씨도 있습니다.
· 농부아저씨들이 일을 하고 있습니다.
· 어떤 사람은 삽으로 땅을 파기도 합니다.
· 소가 힘들어 도망갈 수도 있습니다.
· 소의 목에 줄을 묶어서 잡고 있습니다.

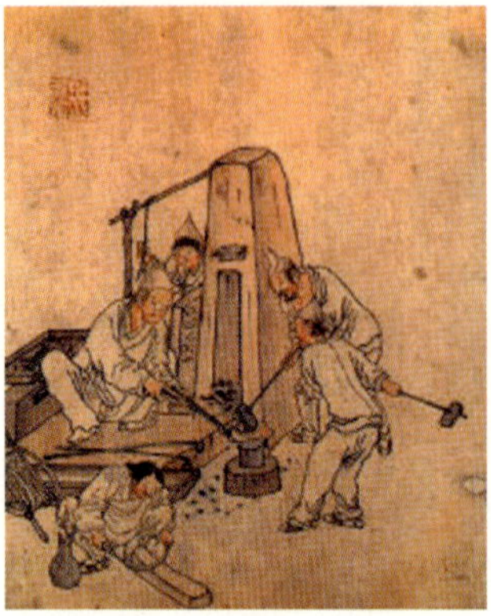

장면 6

그림에 대한 유아의 반응

제목: 대장간

· 아저씨들이 일을 열심히 해서 땀을 흘립니다.
· 불을 태워서 쇠를 만들고 있습니다.
· 앉아서 모양을 만드는 사람도 있습니다.
· 쇠를 망치로 두들겨서 모양을 납작하게 합니다.
· 앉아서 쇠가 날카롭지 않게 갈고 있습니다.
· 망치도 필요합니다.
· 망치를 힘을 줘서 때리고 있습니다.
· 망치는 뒤에서 앞으로 내리면서 때립니다.

③ 김홍도가 그린 명화를 이용하여 그림 속의 이야기를 찾아 책으로 만들어 본다.

제목: 씨름판

제목: 빨래

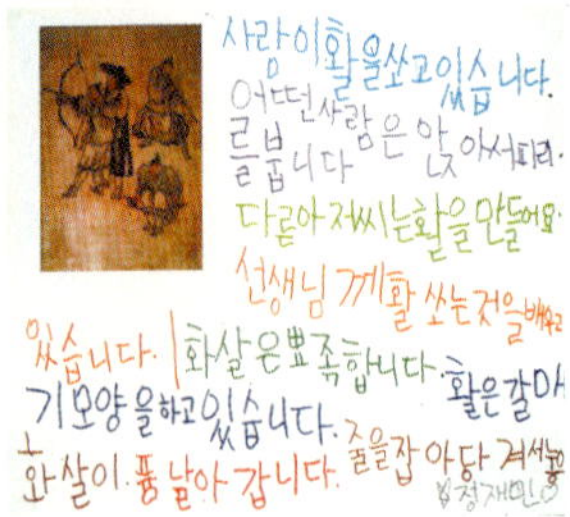

제목: 활쏘기

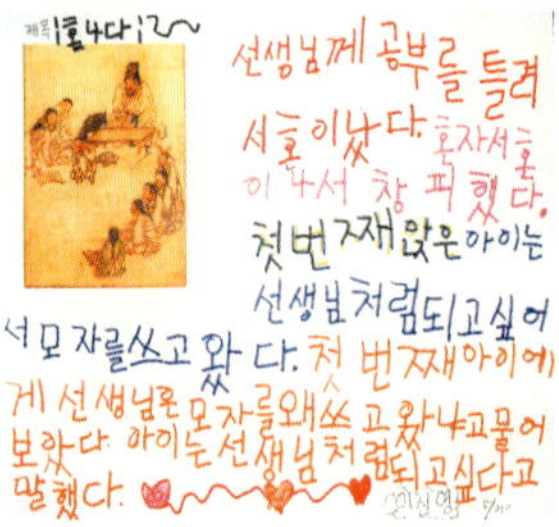

제목: 혼나다

제목: 농부

제목: 우물

④ 고흐의 그림과 김홍도의 그림을 감상한 느낌에 대해 이야기 나눈다.

- 고흐 화가가 그린 그림들을 보고 어떤 생각을 하게 되었니?
- 김홍도 화가가 그린 그림들을 보고 어떤 생각을 하게 되었니?
- 두 화가가 그린 명화들의 공통점과 차이점은 무엇이니?

4. 명화를 이용한 동화 만들기

가. 주제를 정하여 자신의 이야기를 만들고 결과물을 공유할 수 있다.

참고작품_ 고흐의 '휴식'

① 고흐의 '휴식' 이라는 명화를 감상한다.

② 왜 휴식이 필요한지 생각해 본다.

③ 부모님의 직업에 대해 이야기 나눈다.

④ 부모님께서는 일을 하신 후 어떻게 휴식을 하는지 생각해 보게 한다.

⑤ 유아 자신들은 어떻게 휴식을 하는지 이야기 나눈다.

⑥ '휴식' 이라는 주제로 자신이나 부모님의 이야기를 그림으로 표현해 본다.

1. 할머니께서는 밭에서 땅을 파고 씨를 심고 있습니다. 쉬실 때는 집에 돌아와서 TV도 보시고 누워서 주무시기도 합니다.

2. 우리 아빠랑 엄마는 밭에서 익은 고추를 따는 일을 하십니다. 쉬실 때는 엄마는 TV를 보면서 쉬시고, 아빠는 침대에서 주무십니다.

3. 우리 아빠는 논에서 일을 하시고 배밭에서 배를 따십니다. 엄마와 아빠는 매일 힘들게 일을 하십니다. 일을 하시다 너무 힘이 들면 집에 돌아오셔서 소파에 앉아 쉬기도 하십니다.

4. 아빠는 배밭에서 일을 열심히 하십니다. 그리고 우리 아빠는 사다리에 올라가서 배를 따기도 합니다. 배밭에 도시락을 싸가기도 합니다. 쉴 때는 하우스 안에 있는 의자에 앉아서 쉽니다.

〈 '휴식' 이라는 주제로 그림을 표현한 예〉

나. 유아들과 함께 명화의 장면에 알맞게 이야기를 꾸미고, 이를 연결하여 동화를 만들어 갈 수 있다.

1. 오늘은 동생의 생일날이에요. 그래서 엄마는 동생을 위해 생일파티를 준비하고 있어요.

2. 언니는 동생 친구들에게 전화를 해서 생일파티에 꼭 참석해 달라고 말하고 있어요.

3. 친구들은 축하하는 마음으로 꽃을 따고 있어요. 꽃으로 머리에 축하하는 장식과 멋진 꽃다발을 만들기 위해서지요.

4. 엄마는 생일파티를 위해 사과, 물, 김밥 들을 준비했어요. 그리고 초대받은 친구들이 오고 있어요.

5. 언니는 동생을 위해 생일축하 노래를 불렀어요. 그리고 사람들이 밥을 먹는 동안에도 기분 좋으라고 아름다운 음악을 연주해 주었어요.

6. 이제 해가 졌어요. 즐거운 파티도 끝이 났어요. 그래서 사람들은 모두 자기 집으로 돌아가야 해요.

〈교사와 유아들이 함께 만든 동화의 예〉

다. 개인별로 명화 하나씩을 선택하여 이야기를 만들고, 이를 재구성하여 하나의 동화로 완성할 수 있다.

① 유아 개인별로 명화 한 장씩을 선택한다.
② 이야기의 순서를 정한다.
③ 선택한 명화의 내용에 알맞게 이야기를 만들고 내용을 기록한다.

1. 이야기의 순서를 정하기

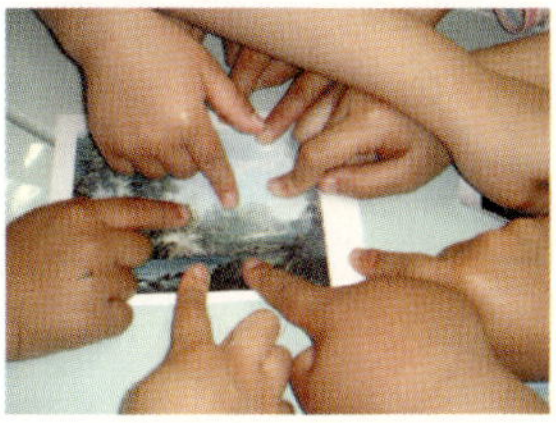
2. 그림 채택하기

3. 장면에 어울리게 자신의 생각을 글로 표현하기

〈개인별로 완성된 이야기를 모아 동화를 만든 예〉

④ 개인별로 만든 이야기를 모두 모아서 하나의 이야기로 완성한다.

⑤ 완성된 동화에 적절한 제목을 붙인다.

라. 유아 혼자서 이야기의 순서를 정하여 이야기를 만들고, 제목을 붙여 개인 동화를 완성할 수 있다.

1. 이야기의 순서 정하기

2. 이야기 꾸미기

3. 제목 붙이기

4. 친구들과 결과물 공유하기

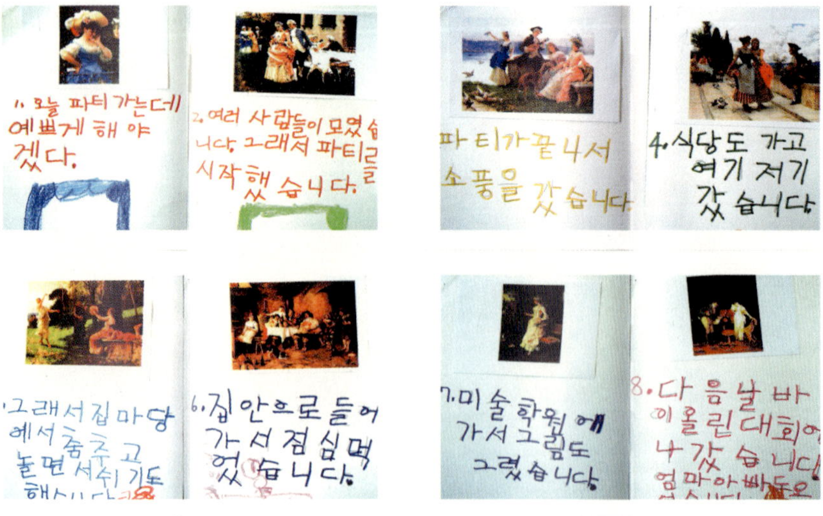

〈유아 혼자서 만든 개인 동화의 예〉

참고문헌

강무섭, 임연기, 김혜숙, 최돈민, 이명준, 조준래(1995). 교육의 세계화 구상. 기본연구보고서(RR 95-07). 한국교육개발원.

강선보(1992). 마르틴 부버의 만남의 교육. 서울: 양서원.

교육부(1999). 유아를 위한 세계이해 교육활동 지도자료. 교육부.

교육부(2000). 유치원 교육 활동 지도 자료 1(총론편). 교육부.

김경철(1999). 기록화를 통한 유아평가 방법. 열린유아교육연구, 4(1), 21-43.

김신일(2003). 새문명시대의 교육 패러다임. 한국유아교육학회 연차학술대회, 한국유아교육학회, 19−27.

김영옥(1998). 반편견 교육을 위한 유아교육과정. 반편견 교육과정을 통한 인간교육. 한국어린이 육영회 유아교육학술대회, 67-95.

김영옥(2001). 유치원 교육과 교사의 수업 전문성. 한국교사교육, 18(1), 15-43. (한국교원교육학회 학술대회. 「교실교육의 개혁과 교사의 수업전문성」 주제발표 논문)

김영옥(2002a). 유아를 위한 다문화교육: 반편견, 세계 이해 교육의 현장 적용. 서울: 정민사.

김영옥(2002b). 유아 다문화교육 프로그램 모델 개발 연구. 유아교육학논집, 6(2), 5-38.

김영옥(2002c). 유아의 사회적 능력 함양을 위한 교사의 역할 및 전략. 유아의 사회적 능력 함양. 한국어린이육영회 유아교육 학술대회, 53-91.

김영옥, 지성애, 홍혜경(2002). 유아교육과정에서의 다문화적 관점의 통합(Integrating multicultural views in early childhood curriculum, ECE in Cultural Contexts, PECERA 3rd Conference & Meeting(제3회 태평양 유아교육학회), 발표(중국 상해).

나 정(2001). 유아교육 정책: 어디로 가야 하는가? 서울: 양서원.

류방란(2006. 7. 3). 한국교원신문, 6면.

박도순(2002). 한국 교육의 현실과 미래 전망: 세계화, 지식 정보화 사회에서 교육의 과제. 교육학연구, 40(6), 1-15.

서원석(2003). 공직사회에서의 다면평가. 조직에서의 다면평가 적용을 위한 현실과제. 한국평가학회 2003년 심포지엄.

안경숙, 김소향(2001). 유아 평가 방법의 새로운 대안 모색. 열린유아교육연구, 6(1), 89-105.

양옥승(1997). 유아교육과정 연구의 재개념화III: 다문화주의의 적용. **덕성여대 교육연구**, 5, 49-63.

유혜윤(2003). 전통문화를 활용한 다문화 미술활동의 효과. 덕성여자대학교 대학원 석사학위 논문.

이 준(2006. 8. 26). 쓰레기 지식 버려야 부를 얻는다. 조선일보Books D1면.

이간용(2003). **사회과 교육의 참평가론**. 서울: 한울아카데미.

이경우 · 이은화 편역(1999). **반편견 교육과정: 어린이에게 대응능력을 길러주는 도구**. 서울: 창지사.

이기철 역(1998). **세계화란 무엇인가**. 서울: 현대미학사.

이상희(2001). 다면적 평가제도의 효과성에 관한 연구. 이화여자대학교 대학원 석사학위논문.

이영석(2002). 유치원 교육과정 평가방안. **교육과정연구**, 20(2), 27-47.

이홍재(1995). 국민생활지표의 구성을 위한 시론: 문화 · 여가부분을 중심으로. **문화정책논총**, 7(1), 179-198.

정두용 외 공저(1998). **세계문화읽기**. 유네스코한국위원회. 도서출판 심지, 28-29.

정명진(2004. 11. 10). 이젠 문화지능이다. 중앙일보 31면.

조연순(1996). 세계교육(Global Education) 프로그램의 비교분석 -미국, 동남아시아, 한국을 중심으로. **교육학연구**, 34(3), 359-383.

조용환(2001). 초등학교 문화와 그 연구과제. **초등학교 문화연구**, 1(1). 초등학교 문화연구소, 1-15.

차갑부(1997). **열린사회의 평생교육**. 서울: 양서원.

채정란(1999). 다문화교육의 관점에서 본 '우리나라'와 '다른 나라' 생활주제 분석. 한국교육대학교 대학원 석사학위논문.

최재선(1998). 문화적 관점에서 본 인성교육의 과제. **연세교육연구**, 11(1), 83-108.

최혜란 역(1998). **세계화**. 서울: 도서출판 한울.

한성덕(1998). 삶의 질 지표체계에 관한 연구. **사회과학연구**, 4(3). 대구대학교 사회과학연구소, 425-491.

한창만(2006. 9. 8). "아트를 팔아라." 한국일보, A17.

한현우(2006. 8. 14). "무거운 책가방 안녕." 조선일보, 14면 A14.

Banks, J. A. (1994). Transforming the mainstream curriculum. *Educational*

Leadership, 8, 4-8.

Banks, J. A., & Banks, C. A. M. (1993). *Multicultural education: Issues and perspectives*. Boston: Allyn and Bacon.

Boutte, G. (1999). *Multicultural education: Raising consciousness*. Belmont, CA: Wadsworth Publishing Company.

Cech, M. (1991). *Global child: Multicultural resources for young children*. Canada. Addison-Wesley Pub.

Derman-Sparks, L. (1993). Empowering children to create a culture to world of differences. *Childhood Education, 70*(2), 66-71.

Derman-Sparks, L., & A. B. C. Task Force (1989). *Anti-bias curriculum: Tools for empowering young children*. Washington DC: NAEYC.

Hammond, S., Leeper, Skipper, D. S., & Ralph, L. (1979). *Good schools for young children*. NY: Macmillan Publishing Co.

Klinger, R. (1996). From glockenspiel to Mbira: An ethnography of multicultural practice in music education. *Bulletin of the Council for Research in Music Education, 129*.

MacNaughton, G., & Williams, G. (1998). *Techniques for teaching young children*. Australia: Longman Pub.

McCracken, J. B. (1993). *Valuing diversity: The primary years*. Washington DC: NAEYC.

McNeill, C. (1970). *The acquisition of language*. NY: Harper & Row.

Melendez, W. R., & Beck, V. (2006). *Teaching young children in muticultural classrooms: Issues, concepts, strategies* (2nd ed.). NY: Delmar Pub.

Melendez, W. R., Beck, V., & Fletcher, M. (2000). *Teaching social studies in early education*. NY: Delmar Pub.

Morrison, G. S. (2007). *Early childhood education today* (10th ed.). Upper Saddle River, NJ: Prentice Hall.

Nieto, S. (1992). *Affirming diversity. The sociopolitical context of multicultural education*. NY: Longman.

Ramsey, P. G. (1987). *Teaching and learning in a diverse world: Multicultural education for young children*. Teachers College Press, NY: Columbia Univ.

Seefeldt, C. (2005). *Social studies for the preschool/primary child* (7th ed.). NJ: Merrill Prentice Hall.

Sparks, L. D., & A. B. C. Force (1992). *Anti-bias curriculum-Tools for empowering young children.* Washington DC: National Association for Education of Young Children.

Swiniarski, L. B. (2003). Global education: Why and when to teach it? In J. P. Isenberg & M. R. Jalongo (Eds.), *Major trends and issues in early childhood education* (2nd ed., pp. 164–176). NY: Teachers College Press.

Swiniarski, L. B., & Breitborde, M. (2003). *Educating the global village: Including the child in the world.* Upper Saddle River, NJ: Merrill Prentice Hall.

White, C. S., & Coleman, M. (2000). *Early childhood education: Building a philosophy for teaching.* NJ: Prentice-Hall, Inc.

http://www.mofat.go.kr(외교통상부 홈페이지)

http://cafe. daum.net/NewAgePansori

찾아보기

인명

내 용

저자 소개

김영옥

현 전남대학교 유아교육과 교수

이화여자대학교 교육학과(학사)

이화여자대학교 대학원 유아교육전공(석사)

미국 밴더빌트대학교(Peabody 사범대) 유아교육전공(박사)

서 현

현 조선대학교 교육대학원 유아교육학과 교수

전남대학교 유아교육과(학사)

전남대학교 대학원 유아교육학과(석사)

전남대학교 대학원 유아교육학과(박사)

박형신

현 동강대학 유아교육과 교수

덕성여자대학교 유아교육과(학사)

덕성여자대학교 대학원 유아교육과(석사)

전남대학교 대학원 유아교육학과(박사)

정상녀

현 전남대학교 유아교육과 강사

광주대학교 유아교육과(학사)

전남대학교 교육대학원 유아교육학과(석사)

전남대학교 대학원 유아교육학과(박사)

윤경선

현 시산초등학교병설유치원 교사

전남대학교 유아교육과(학사)

전남대학교 교육대학원 유아교육학과(석사)

전남대학교 대학원 유아교육학과(박사)

박미자

현 칠량초등학교병설유치원 교사

광주대학교 유아교육과(학사)

전남대학교 교육대학원 유아교육학과(석사)

전남대학교 대학원 유아교육학과(박사)

이나영

현 동강대학 유아교육과 강사

광주대학교 유아교육과(학사)

전남대학교 대학원 유아교육학과(석사)

전남대학교 대학원 유아교육학과(박사)

유아 다문화교육의 통합적 적용

2008년 11월 10일 1판 1쇄 발행
2010년 3월 20일 1판 2쇄 발행

지은이 • 김영옥 · 서현 · 박형신 · 정상녀 · 윤경선 · 박미자 · 이나영
펴낸이 • 김진환
펴낸곳 • (주) 학지사
121-837 서울특별시 마포구 서교동 352-29 마인드월드빌딩 5층
대표전화 • 02)330-5114 팩스 • 02)324-2345
등록번호 • 제313-2006-000265호

홈페이지 • http://www.hakjisa.co.kr
커뮤니티 • http://cafe.naver.com/hakjisa

ISBN 978-89-5891-712-0 93370

정가 13,000원